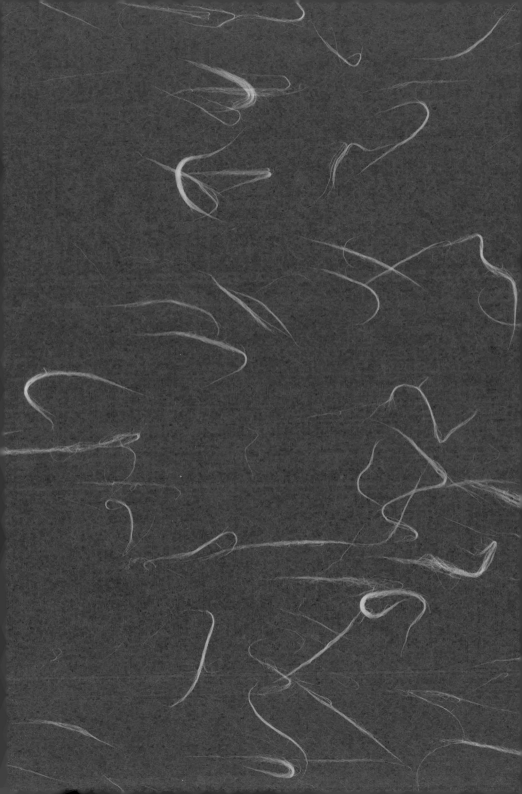

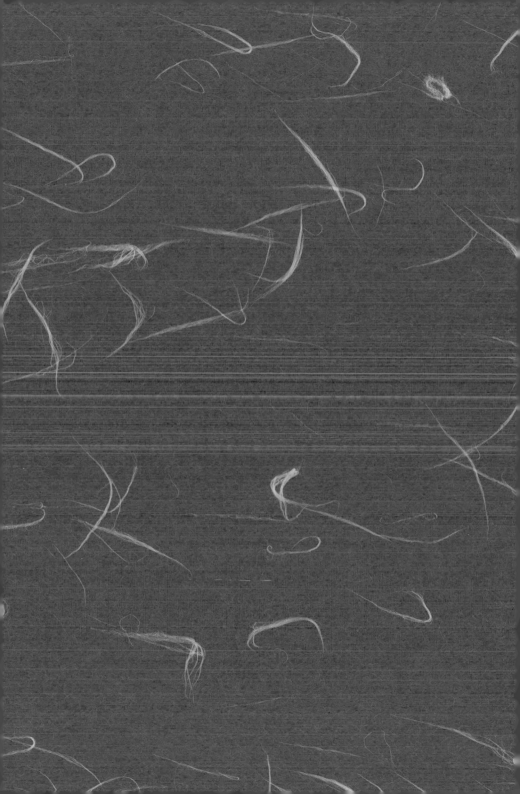

源本萬利

林本源與李阿利

張翎慧——著

製藥廠是家族事業，也是林本源（前排右）成長的所在。

林滄洲及林施淑美育有三男二女，夫妻克難接手製藥廠，以「製藥就是道德」作為公司的核心價值。林本源（中立者）是家中長子。

李團居和李賴金棗育有二男七女，家中經營茶行，提供孩子們富裕生活環境。李阿利（父親手抱者）是家中么女。

結婚時，國中老師特地翻出當年校運李阿利帶領班級進場和舉聖火的照片，題字祝福。

一九七八年，林本源和李阿利參加在高雄澄清湖舉辦的第五屆全國童軍大露營。

九八〇年二月十二日，林本源與李阿利結婚。婚後，李阿利繼續完成大學學業。

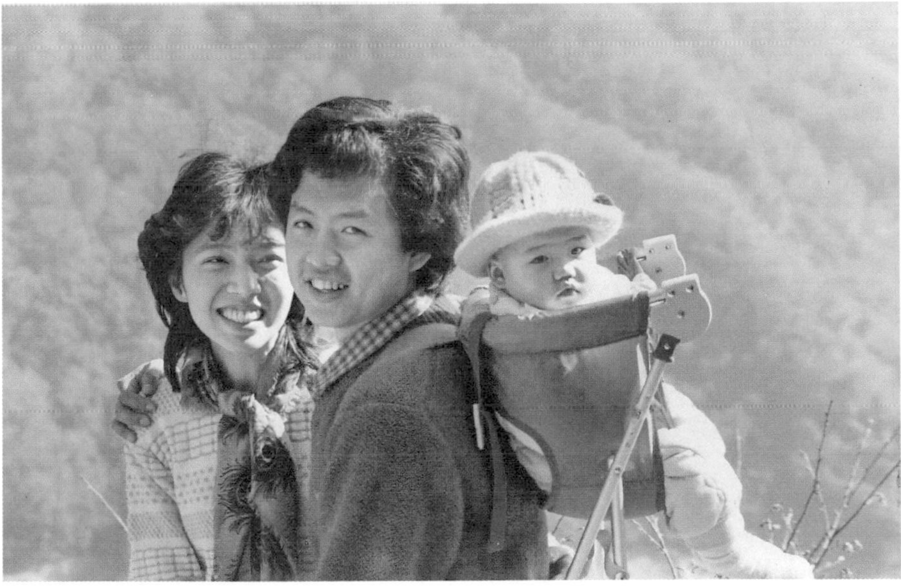

喜愛戶外活動的林本源和李阿利，帶著第一個孩子宜琳去踏青。

三個孩子在林本源和李阿利的鼓勵下加入童軍，從小就被訓練要
獨立、守規矩、助人為樂，學習與自然共處。

林本源和妻兒、母親、妹妹一家，前往靜思精舍拜訪證嚴上人。

李阿利（右起）和姊姊李旭梨、李六秀，以及李明香（左起）、李明齡；一起跟著劉美吟（左三，已於靜思精舍出家，法號德普）學習花道。

給孩子一個快樂的童年、獲得良善的啟發，是李阿利等人創辦兒童精進班的初衷。

二〇〇〇年元月，彰化縣青年童軍聯誼大會參訪彰化靜思堂，李阿利介紹禮儀之美是靜思茶道的根本。

一九九六年，林本源和李阿利一起參加於挪威舉辦的世界童軍
領袖會議。

二〇一八年，林本源和李阿利參加於臺中成功嶺營區舉辦的第十一屆全國童軍大露營，並慶祝彰二團成立五十周年。

二○○六年六月，林本源與李阿利帶領中美製藥員工和慈濟志工，
一起包裝援助密克羅尼西亞的五百組醫藥包。（攝影／徐鄭彩芳）

李阿利邀請婆婆林施淑美和女兒林宜琳一起錄製大愛電視臺《三代之間》節目。

二〇〇四年五月，李阿利於高雄區培訓委員慈誠研習中，分享生活中的美姿美儀。（攝影／王燦銘）

二〇〇八年十一月，美國慈濟人來訪彰化靜思堂，李阿利等志工負責接待。（攝影／廖定國）

二〇一八年十一月緬甸稻種發放前，林本源等慈濟志工以手語和村民互動。（攝影／林家如）

二〇二〇年三月，慈濟與彰化縣政府簽訂「慈善防災 環保生態」合作備忘錄，林本源（前排左三）等志工代表出席。（攝影／楊文道）

二〇一五年七月尼泊爾賑災團發放前，林宜琳向本土志工說明義診工作的安排。（攝影／游錫璋）

二〇一七年十二月，林宜琳參與墨西哥地震關懷，引導鄉親進入發放現場。

二〇一二年七月，林命權和蔡倫希結婚，全家於廳堂合影。

二〇二〇年二月，林宜琳圓滿終身大事。出閣前，母女倆一起向林本源感恩，讓他笑開懷。

〈玉山杜鵑〉林本源 繪

〈驚喜禮物〉林本源 繪

〈夜景富士〉林本源 繪

〈石與松〉林本源 繪

〈日月潭〉林本源 繪

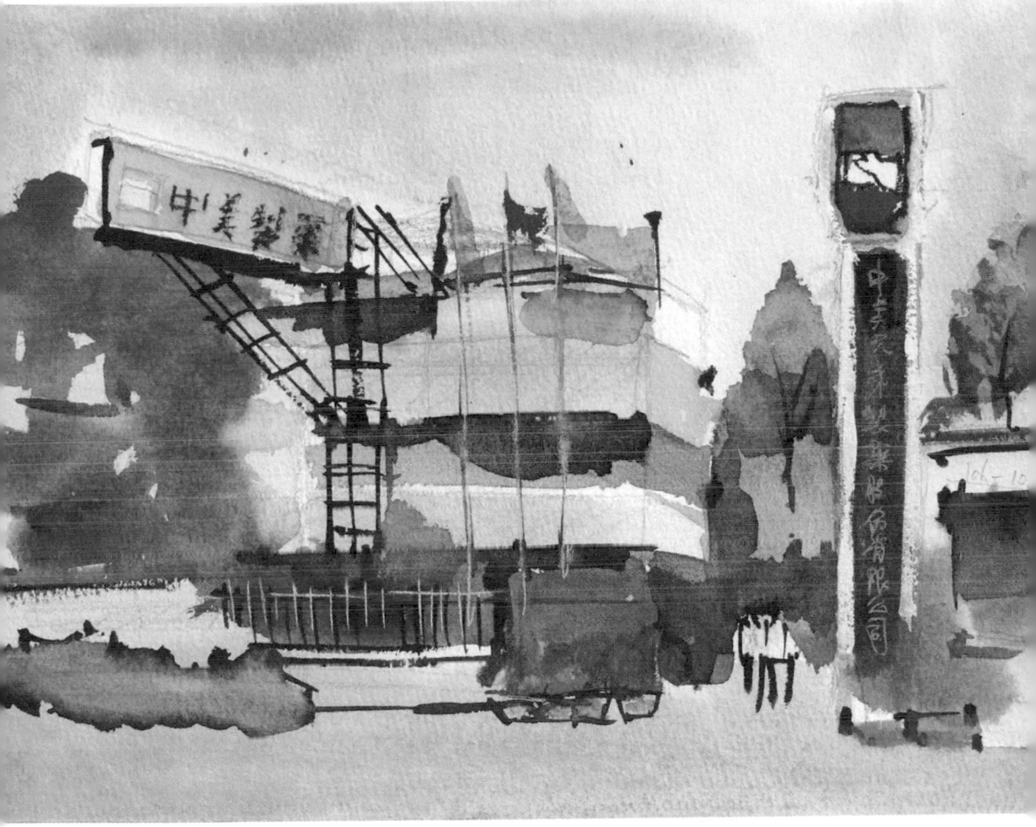

〈中美製藥公司〉林本源 繪

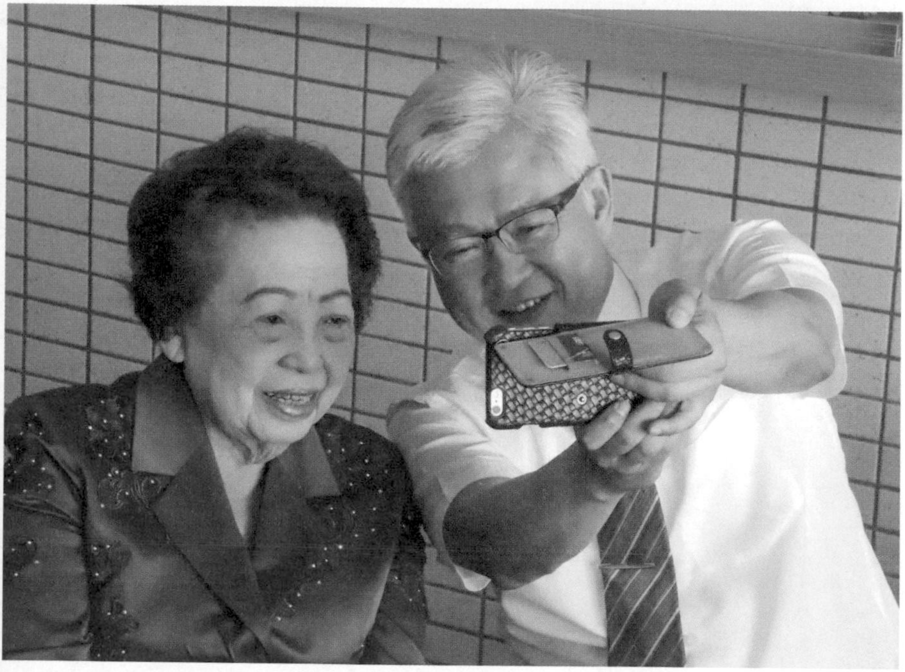

林本源這輩子只專心做好兩件事：一是孝順父母；二是傳承家業。一家人也在林滄洲與林施淑美的身教、言教影響下，一同行善付出。

二〇二〇年三月，林本源和李阿利結婚四十周年，兒孫齊聚一堂。

二〇二一年九月，林宜琳的兒子剛滿一歲，新生命的成長令人喜悅，林本源和李阿利手抱小外孫合影。

【附錄】

【閱讀推薦】

推薦序

萬事皆空 善不空

前彰化縣縣長 **卓伯源**

傳家寶，是超越黃金的智慧寶藏。這本書完整地告訴世人，中美製藥至今四代，立德行善，濟世救人，值得學習效法的典範與傳承。

林家祖訓「製藥就是道德」，因為道德的堅持，中美製藥不斷地提升品質，通過了全球最嚴謹的製藥規範 PIC/S GMP 新紀元。從九二一大地震、八八風災、東南亞海嘯、中國大陸汶川地震、土耳其地震，只要有天災地變，中美製藥捐贈大筆現金、大批藥品，投身公益，聞聲救苦，從不缺席。

西元兩千年，中美阿嬤林施淑美女士，在千禧年就擔任了國際獅子會的第一位女性總監，當時，我代表彰化縣政府前往典禮會場祝賀。

中美阿嬤告訴大家，行善不能等，不是等你成為有錢人的時候，才開始做善事；孝順不能等，子欲養，而親不待；教育不能等，她以八十二歲高齡，投入了偉大而艱鉅的教育——「重建倫理，淨化人心」，十個月內走遍一百八十八所校園，與超過六萬五千位學子，分享了「倫理與孝道」的中心思想。

林滄洲先生，年紀輕輕，能力超群，取得了銀行金飯碗的工作，更難能可貴的是，在風雨飄搖的困境中，承接下了搖搖欲墜的家族事業。他擇善固執的堅持，奠定了中美製藥百年發展的根基；他知人善任的智慧，造就了長子林本源繼往開來的偉業；他鶼鰈情深的豁達，加持了中美阿嬤公益善事的能量。

林本源和李阿利，是現代版王子與公主的童話故事。只羨鴛鴦不羨仙，也不過如此吧。林本源是中美集團的一代雄主，一生懸命，是開疆闢土的真英雄，完成了中美盛世的時代使命。也因為事業的成功，讓林本源和李阿利有更多資源和能量，奉獻於慈濟志業、童軍教育、國內外賑災、國際社會等慈善公益。

林本源曾經告訴我，創業維艱，守成不易，這個世界波詭雲譎，所以得有為有守有野心。但一定有一個人可以讓你放下所有戒備和盔甲，感受到無比的自在和舒適，就如此靜靜地像貓一樣溫順待在他身邊。對林本源來說，李阿利就是這樣一個人。

中美製藥以愛培育、薰陶優秀的新生代，從小學習善的典範，林宜琳、林命權、林偉權三姊弟，頭角崢嶸，青出於藍，延續著中美良善的典範傳承，枝繁葉茂，蘭桂庭芳。小小年紀就在作文簿寫下：「我最敬愛我的媽媽，因為媽媽有愛心。」媽媽問女兒：「你說媽媽有愛心，是不是因為我愛你！」女兒回答：「不是，是因為媽媽做慈濟，把愛給了所有人。」

我們珍惜相遇的殊勝因緣，感恩生命的起承轉合。凡一切相，皆是虛妄，若見諸相非相，即見如來。萬事皆空，善不空。

推薦序

最有效的濟世良藥

彰化縣縣長 **王惠美**

與本源師兄和阿利師姊熟識多年。在行善的道路上，總能見到兩夫妻的身影。本書不僅代表他們夫妻終其一生行善、行孝的事蹟，更是中美製藥四代秉持祖訓「製藥就是道德」及「良藥濟世」的傳家之寶。

一九三六年成立的中美製藥，是臺灣最老字號的本土藥廠，見證臺灣發展史，其中在第三代本源師兄與阿利師姊夫妻多元經營下，不僅導入現代化管理模式，通過最嚴謹「藥品優良製造作業規範GMP」標準，更開創臺灣最早一批連鎖藥局「中美健康世界連鎖藥局」。

而本源師兄與阿利師姊夫妻，不因事業長紅而忘本，為人謙和敦厚，總是把握因緣行善，投身公益，不論是國際賑災、緊急急難救助、弱勢族群照顧、偏鄉教育等，總能見到兩夫妻聞聲救苦、親力親為、及時行善。

善，可以永流傳，如同林家一代傳承一代。本源師兄的母親，中美阿嬤林施淑美女士，總以「愛，是良藥」，教導孩子孝順、禮貌與愛人的能力，並身體力行實踐行善。

而本源師兄與阿利師姊，以「孝順」回報父母的諄諄教誨，總說「行善」、「行孝」是林家的傳家精神，傳承家業也要傳承對社會的愛。我想本源師兄與阿利師姊一生對社會的付出，如同證嚴法師《靜思語》：「報答父母恩，莫過於發揮良能，為人群付出，即是大孝。」

孝為百行之首，常存仁孝心且以身作則者，就是行人間菩薩道，這樣的「傳家寶」正是建構美好社會的基礎，也是永遠保鮮的最有效濟世良藥！謹以此序致敬，願本源師兄與阿利師姊的善與愛，永流傳人世。

推薦序

「佛法生活化、菩薩人間化」的典範

前彰化縣政府社會處處長 **陳治明**

童軍，幾乎占據林本源、李阿利夫妻青春歲月的大部分。他們協助彰化縣政府推動社區童軍，使彰化縣成為全國僅有的社區有童軍組織、把童軍精神社區化的縣市。

《彩虹愛家親子月刊》有一篇文章〈童軍在「服務」中學習成長〉提到：「『服務』對於童軍運動而言，是一個非常重要的平臺。青少年在服務之中學習成長，成年領袖在服務之中輔導培育青少年，團隊的凝聚力也在其中累積出來。當服務成為青少年的好習慣之後，就會發現，服務是隨時隨地做該做的事情，對象就在身邊，你的家人、你的同學、你的社區……這個社會，也因為有這群青年，充滿著光明和希望。」

日行一善，隨時服務，養成了這樣的習慣，自然會帶來心境與人格的成長，林本源、李阿利夫妻便是本著這樣的精神，投入並推廣童軍服務。

林本源承襲「中美製藥」家族企業，成為第三代掌舵者。家族企業自一九三六年創立以來，默默耕耘守護臺灣，投入公益涵蓋偏鄉教育、緊急急難救助、弱勢族群照顧、國際賑災等。

他從小在父母熱心助人耳濡目染下，致力於公益活動。二〇二〇年全球新冠疫情不斷攀升之際，積極支持防疫工作，捐贈物資及保健產品，提供民眾居家防疫的貼心照護。

他生前曾說：「行善、行孝是林家的傳家精神，傳承事業也要傳承對社會貢獻的心。」他承襲家族以善、以愛傳家，誠信務實，並努力用企業力量回饋社會，在二〇二一年榮獲「華人公益人使」殊榮。

李阿利曾描述：「本源是非常孝順的孩子，如果他在家，一定三餐都陪公婆吃飯。晚上如果有應酬或者出去回來後，看到父母房間的燈還亮著，一定會去敲門，跟父母分享一天工作及活動的過程，本源就是這麼樣的貼心、孝順。」

林本源擔負家族事業重責，直到二〇一九年受證慈濟志工。賢內助李阿利是慈濟資深志工，疼惜其妻愛證嚴上人、愛慈濟的心，他早已將妻子布施給慈濟，成就她的菩薩行。林本源為人謙和敦厚，沒有大老闆架子，畢生致力於公益，把握因緣行善。惜因積勞成疾，不幸病倒，於二〇二二年十月二十二日捨報往生。

他的家人特別在彰化靜思堂舉辦了一場追思音樂會，回顧這位典範實業家的一生奉獻；當天千餘參與者，林本源以孝、以善、以愛傳家，再擴展到事業與社會公益，留給後人無限追思。

李阿利素有「養樂多公主」稱號，因為娘家是臺灣養樂多的大股東，與林本源自由戀愛下嫁彰化。身為長媳，便是兄弟手足間的妯娌榜樣，事事得周全，還得求全，著實不易。又多了一分對丈夫事業上的實質支持，也多了一分在家族裏面面俱到的圓融，還得多一分照料子女成材的用心。

近二十年，李阿利亦曾因病住院手術，但病痛並沒有擊垮她的意志，反而更激起她立志行善的決心，輔導第四代接班人林命權開設「癌知識」網站，讓癌友及親屬獲得正確觀念。她也長期投入慈善事業，參加慈濟志工三十多年不遺餘力，還將茶道與國際禮儀的專長發揮得淋漓盡致；這一切都是「善與愛」的具體表現！

如果要概括林本源與李阿利的行誼，他們確實做到了——心靈環保化，戒律禮儀化，佛法生活化，菩薩人間化！

推薦序

本善源愛 典範夙昔

慈濟慈善事業基金會執行長 **顏博文**

和本源師兄較深度的相識，是在特殊的二〇二〇年。

倏忽來襲的 COVID-19 新冠疫情擴散之快，讓人措手不及，全球的物流與人流同時匆忙按下暫停鍵，猶仍止不住疫情帶來的醫療告急、經濟重創，尤其對社會底層產生莫大的衝擊，宛如發生了一場世界大戰。當時，全球慈濟人面臨寸步難行的人道救援挑戰，夜以繼日克服艱難，跨國、跨機構、跨宗教，想盡辦法調度推送跨國的防疫物資援助及弱勢經濟紓困。

那一年，對岸大陸疫情正炙，兩岸往返頻繁，臺灣是上緊了發條在管控防疫，舉凡居家隔離、居家檢疫，或是從大陸或海外疫區返臺的民眾，都得依規定隔離十四天。許多民眾對於突如其來的兩週隔離，不論身體或心理都面臨很大的考驗。

證嚴上人教示的慈善關懷，助人要往細處著想，因應隔離者的需要，帶領我們備辦「安心祝福包」，裏面有上人的祝福信、靜思語、各項淨斯即食食品，還有中美製藥特選的紫錐花+C甦沛膠囊，可以補給健康。

這份安心祝福包面面俱到，確實地提供隔離者適切的支持。二〇二〇年三至四月，我率領慈濟防疫團隊，將沈甸甸的安心祝福包，親自送到十三個縣市首長手上，非常感恩各縣市政府的肯定，迅速地為隔離民眾送到家，讓溫實厚重的安心祝福包深獲好評。（註）

風塵僕僕的差旅中，我有幸認識中美製藥的林本源董事長，他不但率領公司響應慈濟的關懷行動，捐贈超過一萬五千份的紫錐花+C甦沛膠囊，讓慈濟人打包進安心祝福包，為隔離中的民眾補充體力，還親自和我們一起跑了其中五個縣市的捐贈典禮。

面對記者，本源師兄謙沖穩健、言簡意賅，他覺得防疫是大家應該要一起做的事，能夠盡自己一分棉薄之力，就圓了他最大的心願，非常的謙和。

幾次的相處中，本源師兄的溫雅隨和與慈悲圓融，總帶給人歡喜，加上我們的想法與個性相似又相契，著實讓我覺得相見恨晚。這位成功的企業家，集浪漫與遠見於一身，自小肩扛林家的家族藥業、力行對雙親的忠誠與孝順，不但事業成功，更難得的是勤於布施，並且全力支持夫人李阿利師姊投入慈濟各項教育與活動……種種寬宏的氣度與高雅的風範，都讓我欣賞。

還記得在本源師兄愛女宜琳（Pinky）和女婿劉郁麟的婚禮上，當 Pinky 上臺才藝表演時，我看到本源師兄默默地在臺下拿著手機，一張又一張地為寶貝女兒連拍。同樣身為一個女兒的父親，我感受到本源師兄的內心應該是既驕傲又不捨。

我在花蓮、本源師兄在彰化，他讓我體會到認識一個朋友，不一定要見很多次面，內心的惺惺相惜，已非常難得而珍貴。

得知本源師兄生病的消息，心裏真的很惋惜，他才剛受證慈濟委員和慈誠隊員，多麼盼望他能早日康復，給予上人及慈濟更多的支持。我的同修師姊慈竑則惦記阿利師姊，我們專程赴臺中看望他們夫妻倆，希望為本源師兄打氣。

後來，欣聞本源師兄「青山元不動，白雲自去來」畫展開展，有幸前往欣賞他的創作，走覽其中，深刻感受到畫如其人，每一幅畫作都蘊藏著本源師兄豐沛的朝氣和生命力，唯憾那次沒能探望他。

畫展之後，我們再次去臺中看望本源師兄，也是和他最後一次會面。鶼鰈情深的阿利師姊定靜地陪伴在側，本源師兄像是一尊菩薩，為我們示現病苦與無常。在病中，他曾說：「康復後要跟顏執行長一起做慈濟。」我相信在他的八識田中「生生世世跟上人走」的心志早已深植，他決心快去快回，以健康的身體回來向上人報到，下輩子要傳承的是靜思法脈、慈濟宗門。

阿利師姊深信佛法、深信上人，師徒之情，無以言喻，不論自身病苦現前、摯愛別離時刻，都展現靜思弟子的涵養，恆持感恩、如常付出。感恩阿利師姊用心撰集點滴，讓讀者有幸藉由本書問世，仰林家家風、憶本源師兄懿行。謹以此序虔誠致敬，並深信善愛典範，將在林家傳承不息。

【註】二〇二〇年慈濟為全臺灣的防疫物資捐贈計四十六萬九千八百八十六件，贈予一百五十七個機構及縣市政府，其中安心祝福包贈予十三縣市及各醫療機構的隔離民眾，合計四萬三千兩百五十份。

推薦序

茶道花道之外的人生之道

臺中慈濟醫院院長　**簡守信**

和阿利師姊結緣是近三十年前，那是在花蓮擔任慈濟大學醫學生的懿德爸媽。

每次要跟年輕的準醫師們見面，總是看不到她風塵僕僕由彰化而臺北而花蓮長途跋涉的疲態（那是還沒有高鐵、北迴鐵路最快也要三個半小時的時代）；而是滿懷熱誠、氣質出眾的美麗身影，讓學生們了解，她的堅持、她的關心是如此地人文。而這種對細節的注意，不就是醫病互動以及醫療專業提升的必要條件。

阿利師姊的人文飄香，讓人感動的不只是茶道、花道的精緻，更是在舉手投足之間展露的「未經一番寒徹骨，哪得梅花撲鼻香」的堅持與毅力。

一位成功的企業家，一位帥氣十足的CEO，一位深受同仁們愛戴的大老闆，一位樂善好施、關懷鄉里的大善人……大概是大家對本源師兄的溫馨人設。

這幾年與本源師兄有多次深刻互動，以及看著他對父母親的孝順恭敬，浮現在心頭的是——《論語》中的「弟子入則孝，出則悌，謹而信，汎愛眾而親仁。」本源師兄的孝、悌、信、愛、仁，不但有著儒士的風範，更有著俠客有為者應若是的舉重若輕。

這不但是一本文筆行雲流水，字句雲淡風輕，卻用「情」甚深的好書，更有著別於一般管理學所重視的數字與謀略，而是在傳承與創新中不斷提醒「製藥就是道德」的核心價值、「先學會做人，再學會做事」的經營大道。

泡一壺茶，在茶香中一起回味這難得的道德香吧！

推薦序

一本萬利信願行

慈濟教育志業執行長　王本榮

本源與阿利這對優秀童軍的締結連理，本來以為只是一個最美麗的「童話」；看完書稿，才知道是我的表妹林砡妃，錯把「馬」京當馮京，邀錯了人所造成最美麗的「錯誤」。

這才恍然大悟，屬馬的本源之所以在阿利大學尚未畢業就快馬加鞭，捷足先登，阿利也很勇敢地策馬入林，利無反顧，可以說是童軍傳家寶「智、仁、勇」三達德的最佳體現。當時，我祝賀春風得意「馬」蹄「疾」的本源，說他不但是將「本」求「利」，更是一「本」萬「利」。

中美製藥公司已是四代傳承近百年企業，從企業的傳家寶「製藥是道德」、「愛是良藥」觀之，它也是典型的「志業」。

畢竟藥與毒是一體兩面，一刀兩刃，正如禪宗三祖僧璨大師所云：「至道無難、唯嫌揀擇；但莫憎愛，洞然明白；毫釐有差，天地懸隔」，製藥要非常地精準，不能有任何差錯。

從第一代林金枝先生創業維艱，騎鐵馬送藥包，廣播賣藥；第二代林滄洲先生建立會員制度，規模初立，鴻圖初展；到第三代林本源導入現代化經營管理系統，通過「藥品優良製造作業規範（Good Manufacturing Practice, GMP）」，並成立「中美健康世界連鎖藥局」，串連其中的是「行善」與「行孝」的傳家寶。

阿利在書中提到她有三個媽媽，第一位是親生母親，也是我的岳母李賴金棗女士，岳母不但是岳父事業的「大支柱」，也是家庭的「賢內助」。她「母儀三千」，教導兒女們「服儀」、「威儀」與「禮儀」，也使五位女兒得以承擔茶道、花道、妙手生華與蕙質蘭心的慈濟人文教育重任。阿利更在慈濟的「彰化終身學習教育中心」付出很大的心力。

阿利的第二個母親是婆婆林施淑美女士。奉養公婆，相夫教子，熱心公益，在先生傳統思想與兒子創新思維中間，扮演最柔軟，也是最堅強的力量。「先學會做人，再學會做事」，以圓滿作為準則的思考方向，使婆婆人生多一分包容。林施淑美的「愛與尊重」，由家庭擴及社會，由小愛開展大愛，其「婦德」、「品德」與「美德」可謂「三德圓滿」。

阿利慧命的母親是證嚴上人，上人常言：「經者，道也；道者，路也」，以「守志奉道，其道甚大」，期勉弟子們能悲智雙運，解行並重。上人的教誨與典範使本源與阿利從神仙眷侶成為菩薩道侶，也帶領全家成為慈濟家庭，帶領事業成為慈濟志業。菩提「林」立同根生，「本」立道生，「利」濟眾生也自然成為林家的傳家寶。

天籟是有聲的寂靜，自然是無言的說法，面對「生、老、病、死」的自然法則，本源從生命的鬥士，慢慢蛻變為生命的哲人。本源最大的夢想其實是當一名「藝術家」，我一直覺得他是渾然天成的「美學家」。

本源的生前告別式是以「青山元不動，白雲自去來」策畫的個人畫展。一筆一畫勾勒出本源對家人的摯愛，也是人生境界的追尋。《華嚴經》的〈覺林菩薩偈〉有云：「譬如工畫師，分布諸彩色，虛妄取異相，大種無差別。大種中無色，色中無大種，亦不離大種，而有色可得」。

本源彩繪出家業、事業與道業精彩與圓滿的人生。美學家的離去就像一個美麗的靈魂，跨上了時空的快馬，留給世間的不是揚起的風塵，而是締造的風範。慈濟的「傳家寶」是「內修誠正信實，外行慈悲喜捨」，也是所有慈濟人共同的「傳家寶」。一生萬法聞思修，一本萬利信願行，「對生、對死、騎士經過」，本源的一生，「有愛，有善，無悔」。

作者序

王子的愛不曾離開

張翎慧

故事，一旦少了戲劇張力，就落得乏味；一不小心多了扣人心弦，又顯得矯情。如何能讓本源師兄與阿利師姊的生命故事雋永？

一個，是住在城堡裏的王子；一位，是徜徉在金香茶湯裏的公主。兩人從相遇，便為彼此的人生底色，塗上了一抹粉紅，終其一生微微生香。

故事裏，王子瀟灑地鬆開了公主的手。他相信，公主可以過得比他好。然而，她也明白，王子的愛不曾離開。

不縱容自己的悲泣，帶著莫大的不捨與碩大的愛，公主盡其所能地，讓這一分愛開展、揮灑並持續馨香……

這本書，是本源師兄與阿利師姊，相知、相遇、相惜、不需言語的真情；是兩人用愛，所堆砌出來的生命寶盒。

「你是長子，將來就是要做藥……」

父親林滄洲的一句話，讓本源師兄打消曾經有過的夢想和念頭，放棄出國留學計畫，認真、認分地遵循著父親的期望——為家族事業開創出一番新格局。

「做好準備，照計畫按部就班，就不容易出紕漏。」將童軍精神帶入企業的本源師兄認為，適時為社會貢獻、日行一善，不成為社會累贅，人生應該要以服務為目的。

為圓滿父親的期盼，本源師兄將藝術家的夢想折疊起來，承襲家族事業，致力將近百年的製藥廠，領向國際。

擁有敏銳遠見與思維，本源師兄延續第一代「製藥就是道德」的信念，他不忘家訓，同時保有德善家風，成功將「中美製藥」以善、以愛傳家的精神，傳承至第四代……

採訪過程中，目睹阿利師姊無數次含淚微笑地述說。那分從容中的優雅與柔韌裏，有著她對本源師兄滿滿的愛與不捨。阿利師姊所展現出來的行儀，多麼教人心疼、也教人望塵莫及。

我們往往都以為，日子還很長，殊不知剎那間，生命的意外，也是宿命。不願埋首悲傷，阿利師姊帶著本源師兄的愛，讓善與愛如漫天飛舞的櫻花雨，散落之處皆芬芳。

如果說失去，好比腳踩地獄。那麼，阿利師姊則讓我看見，她在失去之中，踩出了天堂的倒影。

第一章

製藥世家長公子

「打從我一出生，就流著『中美製藥』的血液。」

一九五四年出生的林本源，笑稱自己是中美製藥最年輕、也是最早的「長工」，父親的耳提面命，「你是長子，將來就是要做藥……」讓他打消曾經有過的夢想和念頭，放棄出國留學計畫，認真、認分地遵循著父親的期望——為家族事業開創出一番新格局。

談起家族事業，就不得不從林本源的阿公——林金枝開始說起……

醫藥宅急便先驅

一九三六年，林金枝因著岳父的醫藥基底，興起開設「中米藥房」的決心。當時日本統治臺灣，稱美國為「米國」，而閩南語的美國和米國，發音也相同，故取「中米」為藥房名稱，從「寄藥包」業務開始做起。

「送藥包！送藥包！」林金枝頂著烈日、騎著孔明車（腳踏車），做起「行動藥房」的生意。在彰化地區街頭巷尾，民眾只要見到林金枝來了，都會熱情地奉上一杯茶水。

鄉下醫療資源匱乏，屋內牆上掛一個藥包仔，是家居常見景象；而太極牌甘積餅（蛔蟲藥）、打落地（殺蟲劑）等，更是每個家庭的必備用藥。

林金枝挨家挨戶依據需要「寄藥包」，再定期按照實際使用的數量結帳、補貨，解決不少民眾的疾病問題。

一九四七年，中米藥房更名為中美製藥廠，專門生產各式西藥。為了增加客源，一九六〇年左右，林金枝逐漸改變「寄藥包」的銷售方式，透過廣播電臺介紹自家生產的藥，中美製藥的名氣因而大開，各項管銷費用也更勝於以往。

或許是因為入贅的緣故，林金枝的性格始終藏著抑鬱又帶著沙文主義。他擁有敏銳的業務嗅覺，卻也栽進「有錢就是大爺」的花花世界。學齡前的林本源，就經常被母親林施淑美帶到酒家大門前，並示意他高喊：「阿公，回家吃飯囉！」

應酬不斷的林金枝，拿著支票就開的闊氣作風，讓原本盈餘可觀的生意，因廣告支出太高，又遭中盤商倒帳，而一度負債高達五百萬元。

林本源的父親林滄洲臨危受命，在三十一歲那年，辭去人人羨慕的第一銀行工作，毅然決然扛起這份家業。「爺爺接班時負債五百萬，等同現在的上億元。」中美製藥現任董事長、林本源的兒子林命權說。

八十七年來，從第一代、第二代、第三代到第四代，本土老字號的中美製藥廠（中美兄弟製藥股份有限公司），從騎腳踏車送藥包、廣播賣藥到建立會員制度、全方位商業模式等，著實見證且經歷了臺灣醫藥產業發展史。

「會員藥房」開啟傳奇

面對巨額債務，餐餐稀飯配番薯籤的生活，林滄洲和林施淑美也曾經一度崩潰，甚至想帶著孩子們去跳日月潭，一了百了。

到底要從哪兒生出這麼一大筆錢還債？林滄洲和妻子協議，由他主外拚市場，林施淑美主內調配藥品。腦筋靈活的他，買了一張臺灣地圖，攤在桌面上，一手拿圓規，一手持紅筆，註記每個縣市的藥局分布。

這是林滄洲從市場策略角度著眼，提出的創新商業模式——藥局會員淺貨制度。首先進行區域篩選，平均五家僅一家有資格賣中美藥品，找出最有戰鬥力的藥局後，提供獨家專賣權，也保證營收利潤。

因為藥廠被中盤商倒帳的經驗，拒絕廣告行銷的他，苦思如何分散風險，最後想出了會員制銷售模式。他拿著布滿大小不一圓圈和紅點的地圖，全臺灣走透透，和藥局開拓出夥伴關係，堅持產品利潤，也不允許會員藥局殺價競爭，此舉成為中美製藥轉型革新的關鍵點。

除了會員藥局的布建，林滄洲也參考日本技術研發兩種藥，一是「海山錠」，即打蛔蟲藥；二是「暫停錠」，即避孕藥。

他每天來回省政府衛生相關單位，尋找門路，最終接到政府國民衛生計畫標案，提供小學生驅蟲服務長達三十年；在政府喊出家庭計畫「兩個孩子恰恰好，一個孩子不嫌少」的生育政策時，立即推出「暫停錠」節育素。

中美製藥不僅成為臺灣衛生計畫的重要推手，更從此轉虧為盈。

走出屬於自己的路

在林本源的印象中，阿公、阿嬤幾乎每天吵吵鬧鬧，而母親則忍著阿嬤的脾氣、阿公的威權……為了協助丈夫事業，一再忍耐。

長大後，林本源才漸漸了解父母的婚姻故事——

出生於花蓮縣壽豐鄉的施淑美，父親在日治時期曾擔任官派議員，母親經營了一間大雜貨店，家境良好的她，童年生活優渥。直到九歲時，母親往生，父親再娶，後母的照拂畢竟不如母親周全。

就讀花蓮女中的她，畢業後到花蓮第一信用合作社上班，二十一歲那年認識了林滄洲。

來自彰化的林滄洲，被第一銀行派到花蓮分行上班，施淑美的臉龐掛著甜蜜笑容說：「一信剛好在一銀隔壁，就這樣被他看上眼。認識三個月，我們就結為夫妻了。」

在民風保守的年代交往，兩個人看電影買三張票，中間必間隔一個空位；走在路上絕不能並肩，保持一前一後的「安全距離」，就怕被熟人發現。懷著對婚姻的希冀與憧憬，她在後母不太情願將會賺錢的女兒嫁人的情況下，遠嫁到彰化。

婚前，林滄洲寄了兩張空白信紙給她，請她寫上結婚願望。她則到書店買了一本厚厚的日文書——《女性的寶鑑：當新娘之後，要學習的是什麼？》。

「這本書的內容，簡單地說就是在談『孝』——孝順公婆，以及『做人』——如何對待夫家的人。我很認真地看，做媳婦要怎麼做？做嫂子要怎麼做？把這本書當嫁妝，每天一有空就看。」

接著，她慎重地在空白信紙寫下對婚姻的期待，「第一個願望是希望自己將公婆當成父母來孝順，也希望他們疼我如同女兒；第二個願望當然是希望你能成為我將來依靠的對象。」

然而，期待與現實通常都是有落差的。一條僅「陪嫁」到彰化的金項鍊，並沒有隨著林施淑美入門，面對婆婆介意沒有嫁妝的媳婦，她也曾難過地以淚洗面。

「靠自己的腳後肚才會生肉，父母的嫁妝用不了幾時。（閩南語，意即靠自己才是真本領。）」大姊給她的這一句話，不僅喚起她凡事靠自己的信念，也成為她日後輔佐先生事業、扛起家業時，很重要的精神力量。

她常以此告訴林本源，「要用自己的方法，認真地走出屬於自己的路，才會有好的將來。別人給的，都不是永恆。」

林施淑美身為長媳卻不受婆婆疼愛，還有一個原因，是和丈夫的姓氏有關。原來公公入贅時，答應讓第一個孩子從母姓，卻在辦理戶口登記時反悔，自作主張將孩子登記為姓林。婆婆因而埋下芥蒂，始終不太疼惜這個「別姓」的長子，自然對她這個長媳也沒有好臉色。

婚後六年，林施淑美生了五個孩子，加上年幼的小叔和小姑得看顧，不只洗衣、煮飯等一堆家務雜事要做，公公的製藥事業也要幫忙，常常忙得難有時間喘息。

「那時，製藥包裝全靠手工，藥品裝甕後，要用稻草包在外面，放到木箱裏再釘封蓋，常常會釘到手，還要用草繩用力綑綁，弄得雙手流血，痛得晚上睡不著。先生問起也不敢說痛，只騙說在想娘家……」

林施淑美在家庭與工廠兩頭忙，被婆婆指責而感受委屈時，只能躲起來暗自掉淚。就讀小學的林本源，年紀雖小，卻懂得心疼媽媽，他曾在書桌前，貼滿一個又一個，用毛筆書寫的「忍」字。大姑曾說，她很能「忍」，才會忍出一金盾（閩南語，意指財庫飽滿）。婆婆晚年時，也常對她說：「如果沒有你，就沒有今日的『中美製藥』。」

良心製藥 時刻銘記

「阿源很乖，永遠不吵不鬧。知道我很忙，怕我還要刷洗他的褲子，寧願蹲著和小朋友一起玩，也不坐在地上弄髒褲子。」在林施淑美眼中，林本源自小就是個貼心、乖順的孩子。

早年藥廠製作的蛔蟲藥，都要交給中央政府。小時候的林本源最常陪著母親，換乘一班又一班的公車，到位在南投縣中興新村的省政府洽公。最快樂的是回程時，經過臺中火車站轉車前，媽媽總會帶他去吃一碗熱騰騰、又飄散著濃濃香氣的飯。他形容，那是記憶中最上品、人間最美味的一碗飯。

此外，記憶中最深刻的還有阿公鎮日掛在嘴邊的話：「製藥是道德、救人的行業。」父親時時叮嚀他身為製藥廠長孫、長子的責任，也因此他就讀高中時期，便參與公司的生意洽談，大學時期接觸遞送文件到衛生署，大學畢業後就進入藥廠服務，深入基層學習。

「做好準備，照計畫按部就班，就不容易出紕漏。」將童軍精神帶入企業的林本源認為，父母提供他良好的教育和機會，自己也要學會負責任。「適時為社會貢獻、日行一善，不成為社會累贅，人生應該要以服務為目的。」

一九六八年，十四歲的林本源加入了剛成立的中華民國童軍彰化縣二團（簡稱彰二團），成為行義童軍的一員，奉行人生以服務為目的，一日童軍一世童軍。

骨子裏那分熱愛自由與奔放的性格，促使他相當喜愛童軍生活。在童軍團裏的他，是同學們口中住在城堡的王子。從初中到大學，每當參與童軍活動，就彷彿可以脫離城堡，暫時得到解放。

從小看著父親宵衣旰食地打拚，一九七七年大學畢業後，林本源即加入中美製藥經營團隊，擔任經理一職。

不似父親的霸氣外顯，林本源展現的是內斂、精實的領導風格，承襲上一代開闢的沃土，夾在傳統保守的理念下，仍不停地開創新的商業模式。

他常笑說：「國父革命只有十一次，我是一次又一次。幸運的是，有一位懂我、疼我，又有商業頭腦的母親，她一次又一次地為我向父親說帖，使我得以不忤逆父親的規範，忠、孝兩全，帶領中美製藥迎向國際。」

林本源接班後，主張不能只靠會員藥房推薦藥品，力主恢復廣告行銷，並導入現代化、多角化的經營模式，往美國、日本延請專家顧問，取得多個國家產品的代理權，例如日本獅王施美露眼藥水等，跨國合作研發藥品，如

「刺五加研發專案」，大幅改善中美製藥的企業體質。

他做了幾個重大的決策：第一是重塑品牌新形象，將新藥打進藥妝通路；第二從過去的自製自銷，擴大到代工合作，當年知名的友露安感冒糖漿就是代工一例；第三，一九九四年開創臺灣最早一批連鎖藥局「中美健康世界」，經營了十年後，因階段性任務完成而停止；第四，展開東協等海外市場的開拓。

其中，使中美製藥業績量大幅增長的最具代表性兩大革新藥品，即是「便通樂」和「優美孅」。

便通樂，是因應職場環境轉變，坐辦公室比例提升，造成便祕問題嚴重，而推出的藥。屬於處方用藥，多由醫師開立處方，每年約兩億顆的銷售量，僅次於廣告鋪天蓋地的普拿疼。

優美孅，則是著重年輕女性族群的身材維持，也是唯一能減重的非處方用藥。這兩款藥成功逆轉了中美老招牌的包袱，更重要的是，林本源說服父親不打廣告的鐵律，重新包裝樹立中美品牌形象。

樂善好施 以愛傳家

一九五八年，為了促進臺灣社會的良善風氣，政府開始推動民間發起表揚好人好事運動。一九七六年，林金枝的太太林蔡換是家族內第一個得到好人好事代表；一九八八年，媳婦林施淑美是第二位；一九九八年，兒子林滄洲是第三位。

家裏開中藥行的林蔡換，在媳婦眼中雖是個嚴厲的婆婆，但她支持丈夫創業、操持家務之餘，也繼承了父母的行善義舉，常在鄉里間濟貧施藥。而原本入贅蔡家的丈夫，在努力開創自己的事業後，也獲得她的認可，願意改冠夫姓。

林施淑美在照拂家庭的同時，對家族事業的付出不僅更勝於婆婆，在生意才剛有了起色、公司仍然負債的情況，就在丈夫的鼓勵下，每年到彰化海口救濟貧民。

經濟好轉後，她自發性到小學陪伴學童，分享自己成長的故事。在彰化舉辦數百場倫理品格的校園活動，最早的臺灣版「Free Hug」就出自林施淑美，五年擁抱超過十萬名學生，讓許多家庭破碎的孩子，感受到阿嬤的愛與溫暖，她也因此被稱為彰化阿嬤。

林滄洲則領導中美企業集團，長期投入社會急難救助義舉，協助脊髓損傷協會重建「脊新家園」、南亞海嘯慨捐藥品六百萬元、莫拉克颱風投入數百萬元藥品救災、贊助亞太區童軍大露營、弘道老人福利基金會等，並長期擔任國立彰化高商校友會總會長、彰商文教基金會董事長，捐款無數。

中美製藥員工陳瑩潔對林滄洲的叮嚀，至今不忘，「他平常教我們做人要勤儉，一定要勤儉才有底。」

「父親嚴以律己，寬以待人，總是用最熱情的能量，對待身旁的每一個人。」林本源自小就感受到父母的樂善好施，也非常認同這分以善以愛傳家的精神。

第二章

大稻埕茶商小女兒

「我出生在臺北大稻埕一個非常富裕的家庭，從小就擁有很好的生活環境。」一九五七年出生的李阿利表示，自己身為家中么女，許多想法、思維和信念，是來自於原生家庭的父母，與六位疼愛她的姊姊們。

回憶起幼年的生活點滴，有一個畫面，始終深刻落印在她心裏——每當放學回家，經過父親的鑑茶室，就會看見他專注評茶的身影。

醉心於「茶」事業的父親

李阿利的父親李團居，是石碇雙溪人，生於大正元年（一九一三年），祖籍福建安溪。

十五歲那年，他離開石碇鄉，隻身北上，於臺北州立臺北第一中學校（今建國中學）校長室擔任小工友，以半工半讀方式，完成私立成淵中學學業。勤奮好學的他，十九歲獲得賞識，進入三井合名會社（即三井農林株式會社，一間專門將臺灣茶外銷到日本的公司）服務，從此，與茶葉結下不解之緣。

李團居擁有過人的商業思維，二十五歲創立豐南商業株式會社，二十七歲創立新德隆茶行，將臺灣茶外銷到全世界，是早年創造臺灣經濟奇蹟的典範人物，也是臺灣茶葉拓展外銷貿易的關鍵性代表人物。

一生醉心於「茶」的事業，李團居自號「耕誠」，旨為惕勵自己，不忘出身石碇農家，畢生秉持「誠信」駐足商場。「耕誠」二字，貫穿了他近百歲的豐饒歲月，「耕」讀傳家怡自得，「誠」實守真利眾生，愛家愛鄉，樂善好施。

事業有了基礎，昭和十五年（一九四〇年），李團居始尋覓良伴。畢業於臺北州立臺北第三高等女學校的賴金棗，原本有機會到日本繼續深造，無奈遭逢家變，未能成行。當媒人帶著李團居到她家提親時，她點頭的唯一條件——母親和弟弟是她必要的「嫁妝」。因此，婚後的李賴金棗，不僅侍奉夫家的婆婆，也照養娘家的母親。

婆婆患有氣喘，李團居聽說咖啡對治氣喘很有效，於是千方百計自己進口咖啡回臺灣。而儘管家務再繁忙，李賴金棗始終堅持每天研磨咖啡豆，親手端著手沖的熱咖啡到婆婆面前。

「小時候，我的家充滿了咖啡香及茶香。」李阿利說。

家中九個兄弟姊妹，排行第八的李阿利和大姊相差十六歲。「印象很深刻的是，母親會要求我們幾個孩了，一定要一起在長桌吃早餐，而且每個人都得端正坐好。」李賴金棗嚴格要求孩子們要注重儀表、儀態與儀容，餐桌上，總不厭其煩地叮嚀：「坐得正，才會得人疼；臉要笑，才會得人惜。」

李阿利喝著爸爸做的英國紅茶佐三花奶水和四維方糖的奶茶、搭配軟綿綿的西式吐司當早餐，那是早年臺灣社會大多數人的奢侈，卻是她的童年日常。一邊喝茶，一邊聆聽李賴金棗的教導，應有的規矩、禮貌以及做人做事的道理，就這樣逐漸深植在心中，各個長幼有序、敬上愛下、和樂無比。

無憂無慮的歡樂童年

「我們家前面這一條街左轉近盡頭，會看見臺北城第一家西餐廳波麗露，往前右轉的盡頭再轉彎，就是大光明戲院。走約十分鐘的路程，可以到租漫畫書店，我常在那邊看完一整本漫畫才回家。」李阿利還記得波麗路餐廳收銀櫃檯前，玻璃罐裏一顆顆金銀錫箔紙包裝的進口太妃糖、巧克力。

有別於一般長屋設計，李阿利的家是連續三開間的街屋，樓高四層，縱深三進。一樓前方為店面、辦公與會客大廳，後方一、二樓是茶廠，有茶葉烘焙和加工廠及倉庫等，三、四樓則是家庭起居空間。

「我們家一進門就有一個大火爐，爐上燒著一壺熱呼呼的水，在寒風刺骨的冬天，每個從外面進來的人，馬上就可以喝到一杯熱騰騰的茶，伴隨入鼻的茶香，以及火爐所散發的溫暖，讓人一下子就寒意全消。」李阿利說，一家子兄弟姊妹，最愛圍繞在火爐邊嬉戲，一邊等待著灰燼中，自然烘烤熟成、吮指也甜蜜的地瓜。

相鄰一整排都是店家，很是繁華、熱鬧。李阿利解釋，從外觀上看起來，屋簷幾乎是相連的，但事實上，每一戶的門道都不一樣，還是有一定的距離。「我自小活潑、好動，我家頂樓和鄰居家緊鄰，我經常腳跟一蹬，就翻到隔壁鄰居同學家……如果用走的，左轉右拐的大約要一、二十分鐘。」

夏天一到，李家會將頂樓的排水孔堵起來蓄水，大夥兒聚在一起玩水、泡腳。到了晚上，水放乾了，一群孩子就躺在草蓆上，吹著晚風、看著月亮、仰望一望無際的星空……滿天星斗及歡笑聲，豐富了李阿利無憂的童年。

喜愛捉迷藏的她，捲身在偌大的茶倉間，經常被茶香薰得瞌睡蟲上身，最常被長工打著燈來呼找：「阿利呀！你在哪裏？媽媽要你回家吃飯、洗澡囉！」不難想像，在那麼大的空間裏，玩捉迷藏躲到睡著沒被找到，也是常有的事。

「大姊非常非常疼愛我這個小妹，常只會偷偷帶著我去游泳。一回到家，其他姊姊就會喊著說：不公平、不公平，大姊都只疼利利。」李阿利和大姊的情感深厚，大姊出嫁時，就讀小學三年級的她，還為此哭了好多天。

富養身心但不被嬌慣

因為做生意的關係，家裏天天賓客滿座，辦公桌上一臺電報機，隨時傳送來全世界最新的茶資訊，李阿利的父親李團居從不吝將最正確的行情，分享給登門請教的後輩們。「父親認為，只有自己好，別人不好，這個『好』不會長久。只有你好、我好、大家都好，這個行業才能真正的興盛。」

把客廳當作臺灣茶葉情報中心，李團居灌輸給孩子們「共好」的觀念，李阿利見證父親為人無私、待人以誠的態度，「茶」對她而言，就是溫暖、熱情與分享的代名詞。

家裏往來進出的人多，李阿利的母親李賴金棗鎮日忙碌不已。「媽媽擁有一手好廚藝，家裏的灶火從來沒有停過。她天天領著阿桑們，為招呼來訪的賓客燒菜，餐桌上永遠有熱騰騰的菜餚備著……」

夜晚來臨，李賴金棗將一日所剩的菜餚，加入少許新鮮備料再加熱，俗稱的「菜尾」，是李阿利姊妹至今回想起來，最想念也是最懷念的味道。

「每當逢年過節，我們家永遠有享用不盡的美味。過年一定會有發糕、甜糕、蘿蔔糕、鹹甜糕，端午節的粽子則是又大又好吃，還有中元節又Q又香的芋頭粿，以及冬至的湯圓等，通通都是媽媽的手作佳餚。」

李賴金棗堅持不嬌養孩子，並點滴落實在日常生活中，扎實地養成了李阿利和兄弟姊妹們，凡事「付出才有收穫」的觀念。

「媽媽會帶著我們在星期天打掃，雖然家中有許多幫手，但是她說整理好自己的書房，是本分事，幫忙擦拭雕花的樓梯扶手也是本分事。只要認真、仔細，都會給予獎勵，清掃好就能領到七塊錢。」

由於家中經商的緣故，李阿利自小就享有「舶來品」。「在民生困頓的年代，父親給了我們最好的物質生活。我有最好的文具、最好的書包、最漂亮的衣服，以及最好的食物——日本來的紅蘋果和木盒裝的大葡萄……」

李賴金棗也捨得買最好的服飾給孩子們，「媽媽只要有空閒，就會請司機帶著我們姊妹到基隆港口的委託行，選購喜愛的衣服、鞋子、手帕等。所以，我們姊妹幾個，從小就很會打扮，也很愛漂亮。」

雖然忙碌，李賴金棗對於陪伴孩子們，卻從未失職。「很特別的是，媽媽會帶著我們過耶誕節。記憶中那棵又高又大的耶誕樹，小小亮亮的燈、杉樹特別的香味，承載著我們童年無數的歡欣與滿足。」李阿利表示。

秀外慧中、智慧處世又懂得生活的李賴金棗，用心營造「家」的溫馨，多年來堅持不變的一件事，就是將親手插好的鮮花，擺置在玄關、客廳和餐桌上。她希望讓每個進家門的人，都能感受到花朵的嬌美以及滿室的馨香，也讓回家的人不自覺地心情跟著變好。

「媽媽三年就生兩個孩子，她常笑說自己最常穿的衣裳是孕婦裝。如此繁忙的日子，她從不假他人之手，堅持親自教養並陪伴我們。」李賴金棗將一生滿滿的愛，全給丈夫和孩子，她對家庭的重視及付出，也為李阿利日後的婚姻生活，嵌入了深遠的影響。

李團居悲天憫人、溫和的好脾氣，則給了他們九個兄弟姊妹，日後待人溫文和善的榜樣。

不求回報卻福報自來

談及父親，李阿利說：「他從沒對我發過脾氣，也不曾見他罵過人。父親孝順阿媽和外婆，提攜石碇山裏頭出來打拚的孩子，從不計回報。」

李團居是第一個前往臺北打拚、事業有成的石碇人。對於石碇鄉親，他總有著一股濃烈的情感，也特別照顧。看著先生的大方，李賴金棗從不曾微詞，且盡力相伴、相助。

每年換季的時候，她總會帶著李阿利姊妹，把已經穿不下或不穿的衣物清洗、摺燙整齊，並添購一些新的物品，送到石碇鄉山上給有需要的鄉親。一邊整理衣物，她總是一邊不厭其煩地告訴孩子們：「當有能力的時候，應該也要把這分福報和別人分享。」

在李阿利的眼中，母親不僅是好妻子、好媽媽，在父親的事業上，更是一位難能可貴的好幫手。

「我們家窨製的茉莉花茶有七層，茶葉和茉莉花都有一定的等量。有一回，長工跟媽媽反應，今日花農送來的茉莉花不能全收。」

「但是，媽媽看了長工一眼，她說：『去秤一秤，全部收有多重？』」

「可是，頭家娘，今日茶葉量沒有那麼多呀！」長工這樣回答。

「『去秤一秤。』媽媽還是不假思索地說。」

「等花農走了，媽媽才跟長工解釋：『他這一布袋茉莉花要是沒有賣出去，你要他回去如何向一家老小交代？』」

李賴金棗的善解、寬厚與大度，讓李團居藉機教導孩子，做人要像「大肚溪，放魚苗（幫助別人，盡力而為，不求回報）」。

李阿利表示，父親曾經歷兩次人生大考驗，一次是在一九五九年八七水災時，李家整座茶倉即將出口的茶葉，全遭無情的大水淹沒。當下面臨的處境，不只是交付茶農的款項，還有無法如期交貨給海外茶商，需支付的違約金與退款等。在不得已的情況下，李團居遠赴日本向友人求援。

如此重大危機，之所以能夠化解，全倚賴他一向待人如親的作風。

「父親助人向來不求回報。一九四五年日本戰敗時，他得知日本友人想要回家鄉，卻手頭拮据，便要母親協助了解對方的欠缺，只要能力所及，便極盡所能地提供，最後這些日本友人，每人都帶回了兩只裝滿物資與盤纏的皮箱。」

這件事在商界傳為佳話，後來幾乎所有來臺灣的日本人都會專程來拜訪李團居，而好客的他也樂於宴請對方，協助他們在臺相關事宜。

也因此，當日本友人獲知他需要協助時，各個也像他當年援助他們一樣，傾盡所能，使他得以順利度過這一次難關。

另一次，則是為友人作保而慘遭背信。這一次龐大的損失，讓李團居不得不將辛苦經營了大半輩子的資產，做了一次總整理和調整，從專注經營茶葉轉向養樂多與生力麵的經營，也因此榮獲政府頒發第一屆傑出食品工業企業家獎。

對於子女向來管教從寬的他，也總不斷叮嚀著：「謹記兩件事：不替人作保、錢借出去就是出去了，要能不動搖自己的根。」

奠定「助人為樂」的基石

一九六二年，李團居等人與日本關東養樂多株式會社合資，在臺北成立國際酵母乳業股份有限公司（今養樂多股份有限公司）。由日方以技術合作方式，運來機器設備和原料。

翌年，李阿利進入太平國小就讀。「放學時，我會帶著水壺，坐著工廠的大貨車，到新莊的養樂多工廠，在那邊盡情地喝。要回家的時候，還不忘用水壺把養樂多裝滿滿。那一分開心的滿足感，是我永生難忘的幸福。」

一九六八年，李阿利升上新興國中一年級時，李團居創辦了臺灣第一家製造生力麵的「國際食品公司」，母親的高麗菜炒生力麵，是她記憶中最難忘懷的滋味之一。

天性活潑的李阿利，回想起求學時光，掩不住的喜樂，在臉上顯露無遺。「我是在遊戲中長大的。下課後，書包丟在一樓角落，就開始找玩伴跳橡皮筋、跳房子……偶爾假日，爸爸、媽媽也會帶我們到中山北路上的兒童樂園和動物園遊玩。」

從玩樂中學習的李阿利，自然也熱愛參加學校活動。「小學四年級那一年，我參加頭城國小露營。傍晚，老師帶著我們到附近小溪洗澡，夜晚就睡在教室，半夜天還沒亮，就去海邊等著看日出……」

「體驗自己煮飯、洗鍋具……回營帳時，天色已經很暗。我們會矇著眼睛、手搭在同學肩上，一邊唱著：『小小童軍的光芒，我要它照耀……讓它照……讓它照不停照……永遠照。』」

這樣獨特有趣的體驗，影響著她對教育的理念。她認為學習就該和平友善，在唱歌、跳舞、玩遊戲之中進行。

早年，要參加學校的童軍，成績必定要很好。就讀國中時，李阿利為了繼續參加女童軍，成績一直保持在前幾名。「我非常謝謝我的父母親，在我十二歲那一年，送我去參加中華民國女童軍。」

女童軍的精神——準備、日行一善、人生以服務為目的，小隊、榮譽、徽章、合作制度的團體生活，在在牽引著她日後的人生方向。「我永遠記得那晚拿著蠟燭入團宣誓要成為女童軍時，所說的話：『憑我的真誠，我願對上蒼和我的國家盡我的本分，我願隨時幫助他人，我願遵守女童軍規律……』」

就讀北一女期間，學校沒有童軍社。因緣巧合的是，李家正好搬遷至臺北市松江路，住家斜對面就是中華民國童子軍總會。課業雖繁忙，李阿利仍繼續參與童軍活動。

考上文化大學後，她開始學習擔任臺北市第十九團童軍副團長，盡責任接棒並帶領年輕的夥伴。「童軍的團體生活，教會我友愛、也教會我在接受愛的同時，要懂得回饋。」

大學期間，她參加於挪威舉辦的世界童軍大露營，還代表臺灣到美國德州參加女童軍領導人活動。「行前層層的考試關卡，還有女童軍理事長王亞權女士嚴謹的測驗及面試，我當時緊張得不得了。很感恩老師當年的肯定，讓我擔任聯隊長，代表臺灣到挪威。」

「想起來也覺得自己好像很偉大，穿著繡上國旗的制服，經過重重的筆試、口試，肩膀上扛著國民外交的任務，遠赴重洋。」帶著小隊制度，爭取榮譽的心，看著榮譽帶上一個又一個縫上來的勳章及專科考驗章，李阿利不停鼓勵自己，一定要學習更多、懂得更多。

爭取榮譽、不停學習，堆砌出她的人生座右銘：「沒有最好、只有更好。」父母親為她奠定了「助人為樂」的基石，直到現在，她依然自認為自己還是當初那位樂於助人的中華民國女童軍。

第三章

婚姻路上互爲助伴

每個人的際遇不同，不論幸不幸運，重要的是懂得面對、珍惜和把握，幸福才能掌握在自己手中。

李阿利記得訂婚那天，她和林本源相互約定，要成為人家羨慕、讚歎的一對佳偶。「四十年來，不論碰到喜、怒、哀、樂，風風雨雨，我們都一直努力互為『助伴』——幫助進步、幫助學習的伴。」

兩人無論多忙，每天總會有一段一起喝茶、一起看書或聊天的時光，所以也總是有聊不完的話題。

李阿利的母親李賴金棗持家有道，女紅與廚藝更是一流。她會親手縫製衣裳給孩子，把家裏布置的溫馨雅致，無論是辦桌請客或私房菜，都令人回味無窮。她以身教教導——女人要如水，溫柔婉約，女兒們的好家教受人稱讚，早早都被訂了親。

「姊姊們每一個都很乖，只要上面的一嫁出去，下面的就被人家『注文（閩南語，意為預訂）』了。」李阿利記得，那時常有人跟母親說：「啊！你最細漢（閩南語，意為最小）的這個留給我。」才念大學一年級，父母就開始為她安排相親。

陰錯陽差 成就良緣

李阿利有一個非常要好的親戚林砡妃也念北一女，還沒畢業就到美國念書。有一年耶誕節假期，她從美國回臺灣，準備開家庭舞會。

林砡妃請哥哥打電話邀約住在新竹的林姓友人，沒想到陰錯陽差之下，哥哥卻打給曾和他一起到美國參加世界童軍大露營的林本源。

談起這一段相識的奇妙因緣，李阿利笑意難掩。「舞會當天，本源開著一輛很漂亮的車子，肩上披著一條長長的白圍巾，手上食指還包紮著……雖然長得很帥，但看起來就是一副紈絝子弟的模樣……」

林砡妃即將返回美國之際，林本源趕緊向她求援。「他希望能再多認識我一點，因此透過砡妃邀約我一同看電影。我還記得，那部影片叫做《戰地鐘聲》。」

當兩人再次見面，林本源似乎不想再錯過，遂向友人要了李阿利的聯絡方式，進而展開追求。具備童軍背景又互有好感的兩人，話題總是源源不絕，當開始書信往來後，更發現彼此的默契，意外的契合。

「本源第一次寫信給我的時候，還把我的名字寫錯，我的利並沒有草字頭。所以，我回信的時候告訴他——你把我的名字寫錯，還送我一雙草（阿莉），我就送你一對竹子當回禮（在本字上頭加個竹——笨源）。」

大二那年的耶誕節前夕，李阿利邀約林本源到家裏來看耶誕樹。布置在家中的耶誕樹很高大、漂亮，站在樹下，李阿利告訴林本源，「我爸媽已經安排好對象，要我去相親了。沒想到，本源一著急，便立刻向我求婚……」

在李阿利心裏，確實屬意林本源，但是姊姊們的婚姻，全都是由父母作主。即使是自己談的戀愛，她還是得獲得父母的應允才行。

她怯懦又試探性地問著母親：「媽媽，您覺得林本源怎麼樣？」

「我毋知啦！你去問你爸爸！」母親的推託，讓她心裏更顯不安。

「爸，您覺得彰化做藥的阿源，人怎麼樣？」

「我毋知啦！你去問你媽媽。」

原來，父母當時心中早各自有了得意人選，一位是從美國回來的生意人，一位是準醫師。見父母不拒絕也不答應的姿態，李阿利的心中充滿了憂慮。她不願忤逆父母的安排，又不願違背自己的心意。

於是，她來到家中的佛堂前，誠懇地向觀世音菩薩求情。「觀音嬤，彰化的林本源很孝順，人很好，對我很疼愛。祢若同意我和本源這樁婚事，請祢賜給我聖筊，好讓我更有力量去爭取。」

看著地上這對聖筊，她喜出望外地告訴自己：「我相信本源不會讓我父母失望的。」

一九八〇年三月，林本源與李阿利終成眷屬，婚禮請來六對幼童軍擔任花童。那一年，李阿利還只是一個大四學生。

從小到大不曾有過煩惱，求學路上也是一帆風順。李阿利曾立志要當老師、要到日本留學，卻沒想到自己會這麼快步入婚姻。從備受家人疼愛的小女兒，到成為大家族的長孫媳，她要面對的已不只是城鄉文化及生活習慣的差距。

轉換角色 迎接挑戰

回想起，初進林家大門的過往，李阿利深深感念母親的教誨。「出嫁前，媽媽對我說：『入人家的門風、端人家的飯碗，就要落人家的家教。你是我的女兒，我當然希望你孝順我；但是，你要更孝順公婆，才會幸福。』」

年紀輕輕就嫁做人婦，考驗彷彿才要開始，母親的剛柔並濟、隨方就圓，成了李阿利最好的示範榜樣。

婚後的李阿利，週一到週三留在臺北娘家完成學業，週四到週日才回彰化婆家。「我很感恩公婆的疼愛，讓我慢慢地學習及適應婚姻生活。」

李阿利大學畢業後，聽從公公林滄洲的安排，進入中美製藥擔任人事與採購一職。「我從小就很習慣聽話，大學念的又是勞工關係，理當要幫忙管理夫家的公司和工廠，頂頭上司是公公、婆婆，同事看待我就如同老闆。婚前，我只要享受和跟隨；婚後，要被期盼和要求，那是一百八十度的轉變。」

李阿利慶幸自己的個性很開朗，凡事都會朝好的方向，加上樂於助人，所以這個挑戰對她來說，也不是那麼大。

然而有一次，她採購原料時，和廠商談了一個「自認為很漂亮的價錢」，比以前採購還要便宜，心想公公肯定會讚賞她。當她很開心地向公公報告時，卻換來一頓訓斥，「人家怎麼可能賣你這種價格？一定是你亂出價！」

因為事實不是如此，李阿利感到非常委屈，也無法理解公公的指責，為何如此嚴厲？當她滿腹委屈地向母親哭訴時，想不到母親並沒有站在她這邊，反而倒過來告訴她：「朽木不可雕也，你的公公不當你是朽木，還這麼用心在教你，你要更感恩他才是，難過什麼呢？」

母親再一次叮嚀她，待人處事要有「孔明之計」，也就是凡事要看得遠、三思後行，要用智慧去面對、去處理。

母親的一番教誨，讓李阿利深深自省，也從中理解公公對她的期待與用心。「不經一事，不長一智。凡事都必須要經過，才能有所透徹與領悟。我告訴自己，還只是個初學者，怎麼可能買到更好的價格！」

「女人可以很伶俐，在必要時獨當一面。但也必須記得，婚後為人媳、為人妻，與將來為人母的『天責』。」回想起母親的再三叮嚀，李阿利表示，柔和、善順就是母親送給她的最好嫁妝。

而每當她想家的時候，林本源總是二話不說就「放行」，讓她可以回臺北向父母撒嬌，和姊姊們一起學插花、喝下午茶聊聊天、逛逛街……

夫妻子女 皆為助伴

「夫妻相處是要學習的，否則即使再好的人，經營不善也會灰頭土臉啊！」李阿利不把所擁有的一切視為理所當然。「人與人之間的互動，最重要的就是要有『疼惜』的心；有疼惜的心，看待很多事情就不會那麼痛苦。再者，人與人之間的相處，也要有『等待』的心；等待是一種美，也是懷抱著無限希望。」

婚後，李阿利除了盡力協助先生的事業，也忙著養育三個子女，全心陪伴他們成長。從孩子幼稚園開始，即到學校擔任愛心媽媽，並帶著孩子一起參加童軍活動。

「一般人都以為童軍很嚴肅，其實非常活潑，充滿啟發，對我人生影響很大。」林本源將童軍教育用在孩子們身上，也就是自己負責任，父母提供良好的教育及機會，須為社會貢獻，而非累聚，同時日行一善，人生以服務為目的。

「六點叫早，七點吃早餐，八點出發……完畢。」捨棄被安排妥當的旅遊方式，林本源和李阿利在寒暑假安排家庭旅行，全程採取童軍式自助旅行方式，讓三個孩子參與行程規畫，一家五口輪流擔任值星官。

一九九三年暑假，他們來到日本東京自助旅行。這天，由八歲的小兒子林偉權擔任值星官，前一晚，他就認真地計畫要去哪裏玩、要到哪裏搭車、幾點搭車、車程時間、用餐的地點……歪歪斜斜的文字夾著注音符號，一一註記在紙上。

「值星官的任務是掌握行程，要記錄當天的旅遊心得，攝影、繪圖或寫日記皆可。值星官最大的權力，是可以決定三餐吃什麼。」大兒子林命權說。

林本源解釋道，這些想法是來自童軍小隊長制度，三個孩子一定有不同的意見，藉此整合並賦予任務，「家庭在旅行中一定要彼此照顧、相互扶持，孩子的記憶就會停留在那時，也更容易建立家庭的價值觀。」

每次旅行，他總是向孩子們強調一句話，「你們不是觀光客，而是旅行家。」每個地方覺得有意義或印象深刻，便記錄下來，每次旅行都會留下厚厚一本日誌，到現在都保存完好，成為家中最美好的寶藏之一。

「增加膽識、見識，是旅行最重要的價值。」林本源說明，碰到迷路或東西不見了，是要責備還是安慰？父母如何處理，人與人的關係，都會在其中摩擦出默契。「我覺得教他們怎麼生活，相當重要。一起生活的當中，明白生活規範和待人處事，並學習用創意解決事情。」

疼愛不溺愛 嚴格不嚴厲

「孩子需要被疼愛，但不是溺愛。」李阿利說明，疼愛是父母以身作則，陪伴孩子，降低孩子受苦的心理疼痛；溺愛則是父母捨不得子女受一點苦，凡事都幫他們打點好。

林偉權是三個孩子中最排斥參加童軍活動的。從出生就加入童軍的他，總要等到父母著裝完畢，才不情不願地起床；他很想待在家裏吹冷氣、打電動，討厭每週日早上七點就要去「當童軍」。

彰化八卦山上的童軍訓練已經開始了，林偉權卻蹲在樹下不肯起來，團長請他排隊唱隊呼，他卻拉著媽媽的手哭著要回家，「媽咪，我的腳好癢……我要回家。」

李阿利見他被叮成「紅豆冰」的雙腿，「把鼻涕一把淚，也問自己：「這樣強迫孩子，好嗎？」隨即，她給孩子一個一秒的結實擁抱，「偉權好棒，要加油，趕快回去。」孩子擦乾眼淚，乖乖聽話進入隊伍中。

一回、二回、三回……半年後，林偉權慢慢融入童軍團隊，甚至開開心心當上小領隊。

「透過童軍活動，讓孩子體驗吃苦的環境，這對他們應付未來的挑戰，很有幫助。」林本源和李阿利教養兒女的觀念一致，他們願意投入時間，帶著孩子離開舒適圈，「社會競爭太激烈，孩子需要機會學習與人合作以及耐挫的能力。」

在生活上，他們也把童軍的晨檢制度（營帳睡袋摺好、衣服穿好、領巾戴好）複製到家中。雖然家裏有傭人，卻不負責整理小孩隨手亂丟的東西。孩子們即使上課快遲到，仍需自行整理房間，把床鋪鋪好、被子疊好，否則就會被扣零用錢、禁止看電視。

「很多人都以為我們是那種從小就茶來伸手、飯來張口的小孩，其實並不是。」大女兒林宜琳表示，他們從小就被訓練要獨立求生，與自然共處。

國、高中時期，她曾代表女童軍參加汶萊青年領袖營、英國大露營等訪問活動。就讀研究所時，更代表世界女童軍到聯合國當實習生，前往倫敦為英國皇室公爵與企業家演說募款，並介紹女童軍的宗旨、目標。

林命權則說，父母從小教導他們要有原則，享受自由但不能踰矩。「養成良好的習慣，便給予獎勵，譬如為了讓我們學會省電，父親會放一個錢筒，只要每日確實關燈，他就會投入十塊錢，將來我們可以自由運用，買糖吃也可以。」

林本源扮演白臉，接受抱怨、陪孩子們玩；李阿利則扮演黑臉，要求嚴謹。有一次颱風過後，李阿利要林命權去掃庭院裏的落葉，結果他沒照做，讓佣人去掃，被發現的下場是遭到狠狠地處罰。

「大概是這輩子唯一被修理的一次。」林命權印象深刻，也能理解母親的用意——舉手之勞就該去做，而不是交由他人去完成。

李阿利也不否認，身為母親的她，管教子女是很嚴格的。「我很清楚『嚴格』和『嚴厲』只有一線之隔，嚴厲會讓人害怕、排斥，即使知道你是為他好，卻感受不到溫暖。當我快要變嚴厲時，會提醒自己——孩子是上天寄放在我這裏的，就不會做出太過分的要求。」

「公婆可以沒條件地寵愛孫子，但父母要養就要教。我不會跟公婆說不要對孩子這樣，而是盡量讓孩子去享受爺爺、奶奶的寵愛；但是孩子很清楚爸媽的底限在哪裏，心中明白還是要有規矩。」

後來，三個孩子分別到中國大陸、美國、日本求學或工作，林本源很放心讓他們自由去翱翔，他相信孩子們會帶著合群力與耐挫力，勇敢地走入地球村。

李阿利則改用寫信或送書的方式引導，也提醒他們，「沒有打電話給爸媽沒關係，但一定要打電話給爺爺、奶奶。」

「在孩子成長的過程中，我沒有缺席。」李阿利肯定自己的付出，「雖然我不用煮飯、做家事，但會和先生一起陪孩子吃早餐；也曾在半夜和孩子一起上山去看流星雨，為他們創造美好的成長記憶。」

當孩子在身邊時，林本源和李阿利盡可能給他們最好的教養環境；當他們離開身邊，向世界探索時，就是祝福，很少操煩。

第四章

生生世世的因緣與承諾

「你這一群女兒，是要來協助我做教育、文化志業的。」證嚴上人曾經這麼對李賴金棗說。

從慈濟護專的茶、花道課，到各地靜思堂廣設社會教育推廣中心的靜思茶道課、靜思花道課以及蕙質蘭心課……李阿利與姊妹們發願追隨上人推廣慈濟人文與生活美學的初發心，從不曾退轉。

悲心相契 淚流滿面

回溯與慈濟的因緣，李阿利提到她的堂姊——李牡丹。

李牡丹是慈濟委員，李阿利姊妹很早就是堂姊的會員，但僅止於繳交善款，對慈濟是全然陌生。直到參加李牡丹的母親告別式，看到了好幾位身穿藍色旗袍的人來捻香，才忍不住探問：「是什麼團體的人？好莊嚴喔！」

「另一個因緣是我的六姊夫王本榮。」李阿利表示，花蓮慈濟醫院剛成立之初，非常缺醫師，院長杜詩棉親自拜訪臺大醫院小兒科醫師王本榮，告知「後山很需要醫師」，「六姊夫受到感動，從一九八七年開始，每週一次到花蓮慈院開設特別門診。」

一九八九年，李阿利的父親李團居生日前夕，母親李賴金棗提議以布施方式做壽，子女們便以父親名義捐出一百萬元，作為慈濟建院基金，一家人來到臺北吉林路慈濟會所拜見證嚴上人。

「那是我生平第一次那麼地靠近上人。」李阿利表示，上人只說三個字，要他們「多了解」慈濟。「當時不知怎地，連續三回見師父，都不自覺淚流滿面，沒有特別悲傷或難過的事，也不是欣喜若狂，就是很自然地淚流不止，後來才明白，那就是所謂的『悲心相契』。」

李阿利和四個姊姊打從心底相信，與上人有著生生世世的承諾與因緣。

李賴金棗很年輕的時候，就跟隨一位師父學佛，是相當虔誠的佛教徒。這位師父曾告訴她：「日後，你這一手查某囝（這幾個女兒），會遇到一位比我修行更高的師父。」而今回想起來，李阿利還真感覺到，有那麼一點點不可思議。

自小看著母親早晚手持三炷香，李阿利表示，「她口中祈求的永遠都是：第一、願國泰民安、風調雨順、五穀豐收、人民富足；第二、願世界上，善良的人都得到幸福；第三才是媽媽所要祈求的願望……」

家庭庶務、公司上上下下再忙碌，李賴金棗仍會利用假日抽空帶著一家大小，搭車前往位於木柵的指南宮拜拜。時間允許的話，就會在那邊過個夜。

「每當阿姨們知道媽媽在指南宮過夜時，都會笑稱她又要上達諸佛聽、願願皆成真的『運仙夢（意指在睡夢中接收神明最深的祝福）』。」李阿利表示，「我好喜歡跟著媽媽到指南宮，我們姊妹可以和媽媽、阿姨一起睡大通鋪，入口沿途販售著琳瑯滿目的小東西，也好吸引人啊！」

跟著母親禮佛拜佛，善念早已深植在李阿利姊妹們的心中。

上人到訪　呼籲響應大陸賑災

插花老師劉美吟（後於靜思精舍出家，法號德普）於慈院啟業前初識慈濟，儘管教學忙碌，仍時常捧著大批花材，至精舍莊嚴佛堂。醫院開始營運後，更是每個月不辭辛勞，從臺北攜帶花木、盆景，為大廳妝點門面。

每有慈濟重要活動或年節，劉美吟總是竭盡所能利用花藝來點綴氣氛，一塊腐朽的木頭，經她隨意妝點綠草鮮花，便營造出生機無限。李阿利姊妹接觸慈濟後，也拜劉美吟為師，學習花道。

一九九一年四月，花蓮佛教會為慶祝佛陀誕辰，訂於六日在花蓮市區舉行花車遊行，邀請慈濟共襄盛舉。劉美吟發心主持花車裝飾，李阿利姊妹等各地志工亦前來襄助。

那一年，新聞局勞委會開始與慈濟合辦幸福人生講座，吳尊賢文教公益基金會等團體也邀請證嚴上人演講。七月十三日晚上，上人以「心泉清流」為題，在彰化縣立體育館向萬餘名聽眾開示，列舉生活實例，深入淺出地闡揚佛法。

體育館內，汙垢堆積，垃圾滿地。演講前，彰化縣境內十六位慈濟委員，鼓勵會員們參與清潔工作。一經呼籲，三百多位會員從家裏攜來掃把、水桶和刷子，將體育館內的每寸地板、每片磚牆都一一刷洗。連一間間惡臭薰天的廁所，也被洗得芳香四溢。

「為了這一個多鐘頭的演講，大家辛苦了！」演講結束後，上人希望向彰化弟子及會眾道感恩。當時彰化還沒有慈濟會所，上人先行前往屏東分會，透過彰化第一顆慈濟種子邱蘭芳的安排，十五日才返回彰化，來到李阿利的住家。

一行人風塵僕僕抵達中美兄弟製藥公司，已是午後三時。董事長林滄洲率員工列隊歡迎，並邀請上人進林府會客廳向百餘人開示。

「上人一進來，就祝福說：『我來到了人間天堂。』」三十多年過去了，李阿利仍念念不忘這句話，「每當心中升起煩惱時，我都會想起上人的祝福。

是啊！我就住在人間天堂，應該要更知福、惜福才是。」

十四日，上人經由廣播媒體得知中國大陸水患嚴重，十八個省分遭災，影響人數高達上億，即指示將出刊的《慈濟道侶半月刊》，登載慈濟要為大陸賑災募款的消息。為喚起大家對災民的關懷，上人於林府開示時，亦呼籲委會員展開募款救災工作。

「上人說，人人內心深處，若能不斷湧現清淨的愛，則社會自然安定和諧。慈濟也將以實際行動，賑濟大陸水患災民……」李阿利表示，因為讚佩上人的悲心，公公當下便捐贈一百萬元響應賑災。善的漣漪，從中美製藥開始向外擴散。

聽聞大陸賑災需要更多款項，中美製藥同仁沈億香於某天下班後，主動向李阿利透露自己的一點心願。「我沒有什麼錢，但手邊編有許多中國結。本來打算將這些中國結，留作將來的嫁妝。既然現在賑濟大陸需要那麼多錢，我願意把中國結捐出來義賣！」

李阿利歡喜接受這分心意，並將她的所有中國結飾品，於公司的文化走廊，作為期兩個月的義賣展覽。而為了能有更多的成品參與義賣，沈億香每晚回到家後便「手不離結」地忙著編織。沈億香的父親除了大表贊同外，也以負擔材料費的實質幫助，來支援她的善行。

由於她編的中國結精巧、細致，獲得不少同仁的青睞，紛紛前往展覽會場認購，總結義賣成果，募得一萬五千三百元。

「要學會做中國結並不困難，但要學會打開心中的『結』，去除『我執』則是一項很大的考驗。這是我此次義賣展覽最大的感受。」沈億香說。

啟動大陸賑災後，上人計畫發放稻米與穀種給災民，李阿利表示，有人疑惑為何要發穀種？上人以「一粒米中藏日月，半升鍋裏煮山河」回覆道，「種子可以年年歲歲收成，代代不斷地種植、不斷地食用，代表臺灣同胞的愛日日月月、歲歲年年，永無止息。」

上人「不為自己求安樂，但願眾生得離苦」的悲心，感動了許許多多人。為了響應大陸賑災，八月起，全省各地義賣活動如火如荼展開，北區慈濟委員在臺大校園舉辦「用愛心擋嚴冬」義賣園遊會，更是將大家的愛心推到最高潮。

「除了捐錢，我們還能做什麼？」為了參加義賣，李阿利五姊妹和堂姊李牡丹，在陳惠美老師指導下，用心縫製了一千多個紙娃娃。她們花了三個月時間，一邊聽上人開示錄音帶，一邊穿針引線趕製。上人還稱讚說：「這些娃娃們的胎教很好喔！」

其實她們一開始製作時，因為需要絞斷鐵棒、以鐵絲緊緊纏繞，手就破皮起泡、又腫又痛，卻一點都不以為意，甚至感到相當法喜，「我們從中體會『做人』的難，以前探望貧戶，看他們做手工，無法體會那種艱辛與不易，如今才知道，師父是要我們身在福中懂知福、能惜福、再造福啊！」

第一個縫製好的紙娃娃，是她們的父親李團居認購。「老人家相當歡喜，他看到了這群從小養尊處優的女兒，可以為了幫助他人而不惜辛勞，很是感動。」李阿利說。

成為慈濟首批花道、茶道老師

過了年，轉眼就快到靜思精舍啟用紀念日。從一九六九年農曆三月二十四日，精舍啟用那天開始，一直到一九八八年，將近二十年間，幾乎年年舉辦打佛七，後來因為慈院成立，開始有不定期的醫院志工培訓、尋根、精進日等活動，佛七暫停一兩次後，改為打佛三。

「當年要受證慈濟委員前都要去打佛七，雖然之後改為佛三，但需要離家三天，加上受證後，責任也會更重……」惦算著自己的能力和時間，李阿利始終不敢輕易答應參加。

眼看著日期將近，劉美吟也向她們轉告上人的關心，「李家姊妹們有要回來嗎？」住在臺北的四位姊姊便邀約李阿利一同前往。

「我告訴本源，受證慈濟委員後，我一定會更盡力，做一個更孝順的好媳婦、更愛你的好太太、把孩子教得更好的好媽媽，以及工作上的好主管，也會把自己照顧好。」李阿利很感恩當年先生的成全，「我和大姊李明香、四姊李旭梨、五姊李明齡、六姊李六秀，一同在一九九二年底受證慈濟委員，成為上人的弟子。同時，也開始擔任慈濟護專（現慈濟科技大學）的懿德媽媽。」

劉美吟曾計畫以數年時間，將《靜思語》的內容以花道表現出來。一九九三年，香港影視明星體育協會為護持慈濟的善行，與慈濟、金車教育基金會合辦「尊重生命」系列活動。四月中旬，於世貿中心國際花卉展中展出的「靜思花語」，即是系列活動之一。

花展結束後，劉美吟帶著李阿利五姊妹入精舍向上人報告。她們輪流顧守慈濟攤位，為往來人群介紹四大志業，並藉由靜思花語卡的贈閱，傳遞「用花美化人生，用心尊重生命」的意念。

慈濟第一所學校——慈濟護專成立後，上人希望將花道、茶道、手語列為必修的生活禮儀課程。花道是人與自然之間的對話，茶道是人與人之間的對話，手語則是一種無聲的說法，學生透過這些課程的薰習，塑造出慈濟風格的人文素養。

「我有一個使命，就是要把你們幾個姊妹都教會。」劉美吟自然是教授花道的不二人選，而培養師資更是她的責任。

張芙美校長也偕同李阿利的六姊李六秀，前往日本了解茶道精神，並結合中華文化禮儀與慈濟人文來傳授給學生。

一九九四年、一九九五年，慈濟護專和慈濟醫學院陸續成立花道、茶道教室，李阿利五姊妹也成為兩校的花道、茶道老師。她將茶的溫暖與花的柔軟，融合在慈濟精神裏，為學子們帶來美好的人文陶冶。

有一次，她陪著婆婆到嘉義大林慈濟醫院就診，遠遠的就聽到一位護理長熱情喊著：「阿利媽、阿利媽……」

李阿利陪伴過的孩子不少，一時之間，雖想不起她的名字，對她說的話卻印象深刻。她說：「阿利媽，很感恩您在我求學時期，教授我們『茶』的禮儀。您知道這一杯茶，有多好用？每當看到同仁之間有不愉快，我都會召集她們到茶水間，要她們先來喝杯茶。茶喝了，氣氛就好一大半了……」

「是啊！握著一杯有溫度的茶，再冰冷的心也會被融化。」李阿利將此歸功於上人的遠見，建議將茶道、花道列入課程中，涵養學子懂得運用一杯暖茶、一朵鮮花，溫潤他人與自己的心。

值得一提的是，彰化明道大學自二〇〇一年首屆招生，李阿利便受邀開設茶道課程，教導大學生國際禮儀，參與濁水溪詩歌節、能人古琴課堂等重要人文教育活動。

二〇一七年三月二十二日，明道大學十六周年校慶，邀請李阿利以「遇見茶米心」為題，與學子們分享。她提到：「茶，草木中人最有情。以茶思情、以茶養性，深刻地與藝術、文學、思想、禮儀和生活連結在一起。人文，人與人間的互動，也是藉著茶香，才能文史留芳。」

用心說茶，用情談茶，用生命聊著與茶之間亦師亦友的感動交流，「以茶會友，天長地久」是李阿利為茶所下的最好註解！

那年的畢業典禮上，校長郭秋勳頒授名譽博士學位予李阿利，肯定她對教育的無私奉獻。

快樂兒童精進班靈魂人物

走入慈濟後，李阿利認識了游素貞、洪美香、廖芳美等志工，她們的孩子年紀相仿，「給孩子一個快樂的童年」，是她們思考孩子的教育問題時，列入的考慮因素之一，而上人也表示：「做父母的，要把握時機，為孩子製造良好的助緣與環境。」

「慈濟如果有一個屬於學童的團體，應該可以給予孩子們更多良善的啟發。」游素貞首先提出了這個想法，她相信只要從小開始教育，孩子長大就會有更好的發展空間。

自認對兒童教育是外行的她，積極邀約各方夥伴參與。李阿利是彰化資深童軍團長、廖芳美在臺中清水開設幼兒園，他們對幼兒教育都有相當經驗，三個人便決定先在彰化地區試辦四場戶外活動。

實驗結果發現，這樣的團體活動很受孩子們喜愛，也獲得家長的認同與支持，於是她們進一步計畫運用臺中分會的場地與資源，開設一個專為孩子而辦的「假日學校」。

一九九三年三月五日，慈濟快樂兒童精進班在臺中分會成立。上人叮嚀大家：「人家把孩子交給你們，就要用心把孩子帶好。」

李阿利在開班前，先擬出整年度的課程內容，一方面希望三個小時的課程內容生動有趣，能吸引孩子們的注意力；另一方面期待十二次的主題，能循序漸進，將布施、誠正信實、愛心、一口不作一日不食、無緣大慈、同體大悲、四大志業、資源回收、預約人間淨土、慈悲喜捨等意涵及具體行動，介紹給孩子們。

每月第一個星期日上午九點至十二點上課，招收六歲至十五歲的孩子，依照年齡區分為信心、毅力、勇氣三班，各提供五十個名額。廖芳美、李阿利、游素貞分別擔任班主任，每班各自另有五位班媽媽，平均每八位小朋友就有一位班媽媽照顧。後來，班媽媽與孩子的比例甚至高達三比一。

班媽媽，是快樂兒童精進班的靈魂人物。為了辦好每一次活動，她們必須不斷學習、精心籌畫，李阿利表示，「志工彼此之間，因著活動搭配的需要而更熟悉、更熱絡，透過這整個投入參與的過程，能夠讓家人和孩子看到媽媽在成長，是最大的收穫。」

臺中快樂兒童精進班經營得有聲有色，也因此引來許多家長的關注與認同，進而加入慈濟、成為志工。

「我有一個好爸爸，也有一個好媽媽，他們養我、育我，恩情真偉大……」快樂兒童精進班的班歌，朗朗上口，寓教於樂，讓孩子在快樂學習中，不忘父母恩。

「因為承擔班主任，我必須比任何人都早到，三個睡眼惺忪的孩子，每個月一次，跟著我一大早就出門。」李阿利表示，先生總是無條件地配合她，並在下課時間到臺中分會接他們回家。

三個孩子在善的薰陶下，也沒讓李阿利失望。大女兒林宜琳曾在小學作文簿寫下：「我最敬愛我的媽媽，因為媽媽有愛心。」李阿利問她：「你說媽媽有愛心，是不是因為我愛你！」林宜琳卻回答：「不是，是因為媽媽做慈濟，把愛給了所有的人。」

小學四年級的大兒子林命權，在一次參加閩南語演說時，以「我所認識的慈濟世界」為主題，分享道：「感謝天、感謝地、感謝阿娘甲老爸……」後來，兒童文學家林武憲創作了〈感謝天感謝地〉歌詞，由郭孟雍譜曲，成了慈濟裏人人朗朗上口的手語歌。

另外，林命權將參與兒童精進班的體會，寫成〈逗陣作伙行〉一詞，王建勛作曲後唱給上人聽：

「我牽你的手
你牽我的手
大家逗陣作伙行
行出心內的善良和愛

我牽你的手
你牽我的手
大家逗陣作伙行
行到世界的每一個所在
善良的根　慈愛的花蕊

一直生湠　一直生湠
你我歡喜
逗陣作伙行
你我歡喜
逗陣作伙行
行入愛的慈濟世界」

「歌詞中的『生湠』二字，意為：綿延不斷。小小年紀才十來歲，就能懂得閩南語的深義，真的不簡單。」上人十分稱讚林命權對閩南語的理解。

謹記上人的期許，小菩薩「臉上有笑、心中有愛，才會人見人愛」，李阿利努力讓來到快樂兒童精進班的孩子們，除了學習孝順、行善之外，更重要的是要有禮節、禮貌和禮儀。

三十年的光陰，不斷接受善與愛的薰陶，用心、用愛所培育的幼苗，已漸漸長成大樹——許多孩子從兒童班、慈少、慈青到受證為慈濟委員。

李阿利的小兒子林偉權，國、高中階段一路參與慈少活動，更在明道大學創辦了慈青社。後來到日本留學，研究所畢業後留在當地發展，二〇一七年受證慈誠隊員，並利用週末到日本分會的靜思書軒做志工、擔任兒童中文班老師。

「小時候，在兒童精進班得到很多愛。現在有能力了，也要無私回饋更多有緣的小朋友。」在兒童班教學的這幾年，林偉權依學習歷程與經驗去引導學生，不斷思考更適合的教學方法。他謙虛地說自己還在持續學習中，陪伴的確不容易，但他會繼續努力。

「孩子是很單純的，給什麼樣的環境，就會有什麼樣的吸收和成長。」

他提到中東諸國因為長年戰火，導致很多孩子在學齡年紀就會使用槍械，學到的都是仇恨；但土耳其滿納海學校的孩子們，在慈濟人文的影響下，眼中充滿著愛與希望，甚至在臺灣花東風災嚴重時，自發性在校內發起募款，「懂得助人的孩子是真正幸福的。」

啟發式情意教學

◎游素貞（慈濟志工）

回憶往事歷歷在目……

與林本源、李阿利結識，是因孩子加入童子軍的因緣，又因孩子的同班同學，結識了廖芳美幼稚園園長，共同一念善心與教育夢想，我們透過積極行動，取得家長認同，試辦戶外兒童活動。

證嚴上人慈允：「家長將孩子交給你們，要好好將孩子帶好。」於是，臺中兒童精進班成立了，一群班媽媽易子而教，築夢踏實……

阿利師姊邀請到彰化師範大學曾漢榮教授、張秀巒老師賢伉儷，長期陪伴並教導我們，將「情意教學」精髓融入課程，設計成啟發式教育，引領兒童班媽媽在學習中與孩子共成長。

曾教授有句名言，「普通的老師是教導，優秀的老師是示範，而偉大的老師是啟發。」以生命教育生命，啟迪孩子的慈悲心。

兒童班課程以慈濟脈動為教材，記得最經典的情意教學，是進行泰北三年扶困計畫時，靜思劇場布置成泰北當時苦難的場景。

悲淒沙啞的歌聲，將亞細亞孤兒那分無奈表露無遺，講臺上有茅草屋、難民（演員真情流露哭泣），讓全場感動不已，劇情逼真到讓孩子們追問，「這些難民怎麼回去？」

在泰北教過書的莊老師，以影片分享泰北近況，最後請孩子們分享——我能為泰北的苦難孩子做些什麼？

「我希望將來成為一位充滿愛心的老師，我想去泰北教書」、「我希望將來當一位醫師，我想去泰北為他們治病」、「我想存錢幫助他們」……從赤子童心分享中，我看見善的種子已在孩子們的心中萌芽了！

接續的課程，特別辦了一場跳蚤市場，讓大家具體實踐慈悲。「難捨能捨」，孩子們所捐的一切物品，不只不能拿家中不要的，還必需是最心愛的，並分享為什麼要將它捐出來？

一位孩子分享：「這個洋娃娃是奶奶從美國帶回來送我的生日禮物，每天我都抱著它睡覺，雖然我很愛它，但我想幫助泰北苦難的人，所以我願意捐出來。」

班媽媽很感動說：「為什麼一堂課，就能啟發孩子的悲心？」她的孩子這次考試成績優異，每次獎賞就是帶去麥當勞，這次他卻不想去，要把獎賞換成錢，省下來幫助泰北的難民。

他還對媽媽說：「我想告訴老師，希望能帶動全班，」在我的鼓勵下，他鼓足勇氣向老師提出想法，老師同意並讚賞他的善心與善行，於是全班認領一個愛的撲滿，帶動大家存錢助泰北難民。

美善的感染力，不可思議，孩子雖小，實不能輕忽，一個好的課程設計，能啟動孩子的悲心，即時付出行動。雖然過程有些「幸福」，但從孩子們的回饋中，令人感到欣慰。

做足功課 做好準備

◎簡淑絲（慈濟志工）

一九九四年，我帶著女兒參與臺中快樂兒童精進班活動，結識了李阿利、游素貞、洪美香、尤麗卿、張秀巒等人。我們帶著孩子一起玩遊戲、聽故事，享受著那段天真無邪的美好時光。

一九九七年四月十一日，經班主任阿利師姊、文書組長麗卿師姊的推薦，我回到花蓮參加兒童班輔導員研習課程。兩天的豐富課程，對當時曾漢榮教授所說的話，有了更深刻的體會。他告訴大家：「要孩子成為什麼？就要找出更適當的方法來啟發他，要用柔軟心來對待孩子。」

印象最深刻的是，有一回，在課程中承擔攻站的站長，需要帶領孩子們畫小紙傘。活動前，我可緊張得不得了！為了要讓孩子有所學習，去了兩趟鹿港老街，先觀摩，再買回紙傘嘗試畫作。

「請各站的站長，大家各自發揮製作小海報。」

「做海報？哇，怎麼辦呢？我該怎麼做？」

回家後，拿出Ａ４紙張，簡單手繪嘗試製作了一張攻站的小海報（當初電腦還不普遍時），我用ＰＯＰ簡單描繪，然後再貼上剪紙插畫。

活動當天，情境布置中，看到孩子們畫出風景、荷花、山水再搭配《靜思語》……即時發揮了無限的想像力，當下也讓我感受到創意無限的氣息。

課程後，隊輔與班媽媽圍坐在一起，阿利師姊首先感恩大家！接著她分享：「每個人帶給孩子的，一定要做足功課準備，尤其是海報，我們要讓孩子感受我們的用心與教學品質。」我默默低下頭來，覺得很慚愧，匆匆製作的那一張海報，的確是非常陽春。從那次之後，我對製作海報與每一張靜思語卡的美感與表達，有了更深遠的影響。

第五章

讓意外成爲美好境遇

二〇一一年六月十四日，證嚴上人於志工早會提及南非慈濟人發放臺灣愛心米、美國慈濟人於海地搭建簡易組合屋……當天，李阿利在姊姊李明香、李旭梨、李明齡、李六秀及茶道老師等人陪同下，敬呈彰化社教及茶道班學員的賑災善款。

上人期勉大家要福慧平行，李阿利表示：「上人說心要寬，所以我每天都把師父放心上，遇事即心寬善解。」

上人回應：「心靈只放師父一個人還不夠寬，要放天下人才夠寬。」

把握每一個今天

出生富裕人家、念書一帆風順，覓得良緣結婚，先生疼愛、有兒有女、事事如意的李阿利，自詡一生得天獨厚、被幸福包圍，人生的一切似乎都是理所當然，也都在預料、計畫中。

「生一場大病」並不在她的規畫裏，卻硬生生闖進了她的生命。

二〇〇〇年春，李阿利陪伴好友到醫院做乳房攝影，護理長告訴她，醫院剛進了２Ｄ乳房Ｘ光造影，邀請她順道做個檢查。看報告時，醫師卻面色凝重地問她：「先生有來嗎？」

從小就是健康寶寶的她，為求慎重，在林本源陪伴下，到臺北的醫院做第二意見諮詢，後來接受切片檢查，確診為乳癌。

「當時沒有特別抗拒、憤怒或哀傷，很快就接受手術治療。」然而，術後長達十個月的化療與電療，生命的無奈與苦痛，對李阿利而言，真的是徹頭徹尾的大考驗。

她漸漸感到惶恐不安、信心全無，婆婆和先生看她如此消沈，心中也是充滿焦急與不捨。為了提振她抗癌的信心，在母親、婆婆、先生和姊姊們陪伴下，她戴著假髮、撐著虛弱的病體，來到花蓮靜思精舍。

「上人，我還可以活多久？」她提出一個令醫師都不知如何回答的問題。上人輕輕拍拍她的肩膀，輕聲且篤定地說：「長長久久，要對自己有信心，趕快好起來，你還要幫我去教授美姿、美儀的課程……」

李阿利表示，上人輕輕的一句話，總能在她心中生起一股強大的力量。她決定聽從上人的話，「把身體交給醫師，把心交給菩薩」，在放慢、放鬆與放下之間，尋找生命的平衡點。

「婆婆和先生都很疼我，他們為了讓我有活力、有生命力地走出家門。

不只一次跟我說：『你喜歡慈濟就去做慈濟，只要是你喜歡的，都去做。』」

「每回只要上人行腳至彰化，婆婆總會跪著跟上人說：『師父，我把阿利捐給您了，只要她身體好起來，她喜歡的我都支持她。』」

曾經，為了不讓家人擔心她忙於家庭和事業之間，又投入太多時間做慈濟，她總是帶著制服出門參加活動，回家前再換裝。如今回想，李阿利認為自己是「因病得福」。

在婆婆與先生的「喜捨」下，她的身心日漸好轉，當體力允許時，也更加積極投入慈濟。「我不知道還可以有多少個明天，我只能把握每一個今天。」面對生命的長短，她不再感到惶恐。

「我們都聽過，病人的微笑，是世界上最美的笑容。但是一旦躺在病床上，生病的人是自己，生命不知道往上、往下的時候，什麼樣的笑容才是最美？」李阿利開始端詳醫護人員的表情。「從他們的笑容裏，彷彿能夠探究病情的好壞。醫護人員的笑容，是世界上最美的笑容。」

生病期間，姊姊們贈送李阿利一套印順導師著作的《妙雲集》。「當時身體實在太虛弱了！我一本也沒有看完，只在第一冊前頁寫下——只要還能活下去，我願意盡己所能，去幫助需要幫助的人。」

「有心就有福，有願就有力。」當年立下的心願，成為她曲直向前的力量。她天天發心要做到——口中有法、行中有愛、心中有上人和佛菩薩，更日日發願——希望健康做慈濟、做到最後一口氣！

「自己走過的路，總會成為滋養生命的養分。」擁有這樣的機會與經驗，對於曾經協助過她的每一個人，她的心中永遠充滿感恩。

茶道與家庭幸福之道

二〇〇二年三月，慈濟大學彰化社會教育推廣中心（今志玄文教基金會彰化終身學習教育中心）成立，是除了花蓮中心外，最早設點開課的地方。

李阿利把握因緣，承擔總召集人，希望藉由專業與人文並具的課程設計，提供社會大眾一個身心靈成長的空間。她擔任「蕙質蘭心」與「靜思茶道」課程老師，教學生用「茶」、用「愛」來經營幸福的家庭。

「一杯熱茶可以提升家庭的溫度，也可以緩和氣氛、縮短家人之間的距離。」李阿利認為，與家人喝茶聊天不只是「溝通」，為家人奉上一杯茶，更是「愛」的表現。

在夫家，「茶」是培養李阿利與婆婆感情的重要媒介。因為婆婆與先生三餐都有喝茶的習慣。因此，飯後泡茶、親手為他們奉上一杯茶，成了她一直以來的習慣。和公婆共處將近四十年的光陰，這一杯充滿溫馨的奉茶情，至今依舊深深縈繞在她心頭。

每一次的茶道課，李阿利總是能感受到與父母之間的深刻連結。她從教學中觀察學生的反應，無論是一個皺眉或者一抹微笑，她都知道該從哪一方面做更深入地講述，提供更多生命中的美好互動。

上人認為：「家庭的和諧，是社會安定的力量。」因此希望社教中心開辦「蕙質蘭心」課程，不只教導女人做一個好太太、好媳婦、好媽媽，同時也教導男人要做一個好爸爸、好兒子，盡一個男主人應該盡的本分。

李阿利表示，簡單地說，這個課程內容就是愛的家庭經營。一個家庭的和諧絕對不是天生的，也絕對不是碰運氣的，而是每一個人都要去盡力、去努力。燦爛的笑容、友善的眼神、傾聽的耳朵及適當的回應，是她特別提醒大家，與人相處要注意的四大重點。

「腰直堅挺身如羚，耳聰目明頭腦清，飽學伶俐做事勤，待人接物受歡迎，薄粉略施龍點睛，見她如見觀世音。」李阿利認為，一個蕙質蘭心的女人，除了要腰直堅挺做事伶俐，更要耳聰目明、不時成長自己，待人有禮、應對得體，猶如人見人愛的觀世音菩薩。

教而優則「主持」

無所求地付出，收穫的是教學的喜悅，以及學生的各種學習心得回饋。「茶」的因緣，讓李阿利於二〇〇六年受邀成為大愛電視臺《人文飄香》節目主持人。

雖然她具有喜歡分享的人格特質，卻因不曾受過專業主持訓練，而一度婉拒。母親李賴金棗鼓勵她：「人家認為你行，你就行。」最終，她不僅接下了主持棒，還主持節目將近二十年，錄製了七百多集節目。

上人強調，人文之美，並非呈現在舞臺上，而是要落實在生活中，舉手投足之間，展現文質彬彬的氣質，這才是「人文」。

「要將美善傳播出去。」李阿利謹記上人的叮嚀，並感恩藉由主持的機會，一邊學習，一邊付出。「其實一九九六年，大愛臺向力霸友聯租借攝影棚，我就和靜映師姊共同主持過手語節目《妙手生華》。」

而能夠長時間擔任節目主持人，她認為是許多好因緣的成就，以及先生、父母、公婆、姊妹與孩子們的鼓勵。「公婆及先生擔心我太過勞累，每星期四錄製節目時，都會派司機接送我從彰化到臺北關渡大愛臺。」

錄製節目後，她一定把握時間回娘家和父母見一面。每當走出家門，母親送她到電梯口時，總會伸手給她一個大大且溫暖的擁抱，並且告訴她：「阿利，你很棒！媽媽以你為榮，要好好愛自己。」

「母親的擁抱，讓我宛若回到兒時，捲著小身軀，依偎在濃濃茶香堆裏，身心恬適、安然。」二〇〇七年，《人文飄香》入選財團法人廣播電視事業發展基金「第一季優良電視節目」，對李阿利而言，更是一大肯定。

新舊女性的持家智慧

克服了錄製節目的緊張與忙碌，李阿利又接續主持了《真善美花道》、《三代之間》、《茶的幸福告白》等節目。

上人說，一個家，要有女，才會「安」。二〇一〇年播出的《三代之間》，聚焦在婦女話題，李阿利邀請婆婆林施淑美和女兒林宜琳一起錄製節目。

林宜琳畢業於臺灣大學戲劇系，之後赴美念研究所，接著到中國大陸北京工作。為了《三代之間》，她當起兩岸空中飛人，以新新人類角度，對於阿媽和媽媽的傳統價值觀，提出許多質疑和挑戰，也從中吸收許多古老的女性持家智慧。希望觀眾在新舊思潮衝擊下，能悟出幸福必學絕技。

李阿利表示：「上人希望做這個節目給年輕女孩看，讓她們理解女性覺醒的力量，應該是用在安定家庭，而不是製造家庭衝突。所以，我們就在每一集設計開場劇，讓宜琳從生活點滴小事，去看阿公、阿媽、爸爸、媽媽的相處之道；再推而廣之，到社會上尋找類似的生命智慧相互印證。」

例如，開場劇〈牽手的溫柔〉中，林宜琳聽說，阿公年輕時做生意應酬，阿媽送錢去聲色場所給阿公付帳，她對此驚訝不已。對年輕女性而言，這真是不可思議的事，難道阿媽不擔心阿公逢場作戲成真嗎？

阿媽在節目中回以：「不擔心，而是完全地信任，讓阿公沒有後顧之憂。」阿媽的信任做到了極致，半夜歸家的丈夫肚子餓了，還隨時有熱飯吃。那個年代，認命的程度很徹底。

身為家中磐石的阿媽，以堅定的信念維繫了幸福；那分看到丈夫吃食暖胃的表情，她知道先生也暖了心，更美的是一分胼手胝足的幸福。如同新婚前的夫妻，都會到棉被店訂製一套棉被；棉被上的紅線需要夫妻一起同心拉平，才能製出一床端整又蓬鬆的溫暖棉被。

「對女人來說，母職是天性。上人講要認命，家裏要有一個平衡點，這個平衡點得靠有母性的女人支撐。」李阿利補充說明，「以近一百年來講，社會開放了、觀念進步了、女性覺醒了、女權高漲了，但男性的思維沒有改變；這時，女性的覺醒是不是好事，就要斟酌了。因為，男性思維沒有改變，只有女性改變，彼此便會造成衝突，就容易使家庭瓦解。」

「女人的力量在家庭裏無所不在，好男人也是女人教出來的。」李阿利身為母親，除了教導女兒，更教導未來的好男人——兩個兒子。「不論女兒或兒子，從小就平攤家務，會煮飯、會做家事，將來一定能體貼妻子。」

雖然忙碌，李阿利仍有一套維繫家人情感的「吃飯哲學」。她常常沒時間做飯，但一定會陪孩子們吃飯，就算叫外食料理，也一定用家裏的盤子裝食物，變成家庭料理。她的先生也是，無論前一天應酬到多晚，第二天早上六點一定和孩子一同吃早餐，從來沒有間斷。「因為那是全家的談心時間，可拉近和孩子的距離。」

林宜琳用電影《當幸福來敲門》的對白，說明自己參與節目的領悟：「幸福不會自己來敲門，你需要努力去爭取、贏得幸福，而每一個人都有追求幸福的權利。」她相信，在付出努力後贏得的幸福，會讓人更加珍惜。

李阿利也認同女兒的看法。「家庭的幸福是自己創造的，當現代女性希望在兩性平等的架構下，得到更多尊重和發揮空間，卻也不能輕易放棄女性經營家庭的力量，才能使女性覺醒展現出最好的意義。」

「孩子需要健全的愛，一個人有人陪，對愛的領受度會很不一樣。如果是單親家庭，也要幫孩子找到適合的家族成員或師長來陪伴。」李阿利衷心期望每個人都能得到健全的愛，這是她參與節目的初心。

《三代之間》播出的同時，集結白節目內容的書《「三從」到「三寵」——齊家的智慧》也出版了。以「三寵——尊寵父母公婆、愛寵另一半和教寵孩子」，來替代古人對婦女「三從——從父、從夫、從子」的訓誡，從甘願心出發，才不會感到委屈。

和家人一起喝杯茶

二〇一六年播出的《茶的幸福告白》，是專門探討「家庭經營」的節目。主持人李阿利會為每集所拜訪的家庭，精心設計一道茶品，透過泡茶，分享婚姻、家庭經營的小妙招。

節目製作人陳瓊姬表示，「泡茶」是很「庶民」的生活日常，「但一般人都把泡茶想的太貴氣，以為那是富貴人家才能享受的風花雪月。其實，用碗也能泡出好喝的茶，只要用心，家裏小角落就能布置成喝茶的地方。」

「阿利師姊長年推廣靜思茶道，以茶會友的方式，既不拘泥於茶道的繁文縟節，也不迎合物化或是感官的滿足，更不執著茶品的昂貴、稀有，或茶具的精美、細致，而是藉『茶』來搭起人與人之間的橋梁，甚至進一步藉茶來說『法』。」前大愛電視臺總監葉樹姍表示，《茶的幸福告白》就是從李阿利給人的「幸福感」切入。

節目設計了一個〈阿利到你家〉單元，由李阿利出外景，拜訪不同人家，也因此締造出許多感人的家聚時光，以及令人動容的溫馨告白。她深刻感受到，「現代人都太忙了，忙到忘了要關心家人、和家人說說話。另一方面，大家也努力在追求幸福，但幸福是什麼呢？這是一個值得深思的問題。」

錄製節目的過程中，有許多令李阿利難以忘懷的片段——破涕為笑的神情、終於說出口的愛、與家人和解後的感動……「感恩這些素昧平生的受訪者，願意信任我，願意真心誠意分享他們的故事，並將他們塵封的後悔、懊惱及困難都說出來。」

李阿利鼓勵大家，找個空檔和家人一起喝杯茶，因為這杯茶就是家人間「幸福告白」的開場。

由於節目播出後頗受好評，製作單位也將內容轉為文字並結合圖像，出版《茶的幸福告白》一書，每篇主題文章都包含——一、故事：從〈阿利到你家〉所採訪的故事中，訂出和家庭有關的議題，再分享家庭幸福的小妙招。二、泡茶教學：針對每個家庭的需求，教泡一種茶、以及茶席、茶境的布置方法。三、智慧妙招：從茶中延伸出家庭經營的智慧。不僅傳遞茶道知識，更有婚姻、家庭經營的妙方。

第六章

圓的處事哲學

林本源和李阿利結婚後，長女林宜琳出生。「我們希望下一代能過更好的生活，所以想蓋一間很漂亮的房子。」母親林施淑美表示，她和丈夫決定在藥廠旁興建住家。畢生講求「圓融」的她，與對建築及室內設計有興趣的林本源討論，希望能以「圓」作為設計理念。

每個走進這個房子裏的人，都會發現小至電燈開關、樓梯扶手、窗戶造型，大至柱子、牆面轉角、天花板，都是圓弧形設計，完全看不到稜稜角角。林施淑美希望用這些「圓」來提醒自己和家人，待人處事要圓融，不比較、不計較，能禮讓、懂善解，「這樣就會圓滿、無掛礙，很自在。」

先學做人 再學做事

林家客廳有一幅偌大的山水畫，那是由臺灣玉所製成，精緻又大氣。這幅意寓為山水福地的畫背後，有著一則感人的小故事。

那是在新居甫落成期間，冬天夜晚十一點多，由一位開著小貨車的司機，將這幅畫送達林家。

見他一身工作服，正在仔細丈量與安裝，林滄洲心想，這麼寒冷的夜裏，工廠工人還這麼認真地工作，真是難能可貴。

於是，他不但親自接待，還請工人坐下來喝杯茶。兩人相談甚歡，聊到深夜，才發現對方並不是送貨工人，而是工廠老闆。

「我一路從北部送貨到彰化，您是第一個這麼熱情接待我的人。一個大企業家竟如此好客又客氣，招呼一位看起來不起眼的工人。」工廠老闆感佩林滄洲待人不分高低的風範，感動之餘，堅持不收這幅畫的費用。

對林家而言，這幅畫的價值，並不在於它的本身，而是背後故事所彰顯的意義。因為懂得關懷他人、體恤他人，林滄洲不僅獲得了珍品，也結識了一位好友。這就是他和太太林施淑美，一直教導公司同仁的「先學會做人，再學做事。」

一直以來，即便工作再忙碌，對於孩子的教育，林施淑美始終堅持陪伴，晚年更將公益擴及教育。

二〇一三年，她以高齡八十二歲，擔任國際獅子會臺灣總會重建倫理委員會中部主委，投入「重建倫理、淨化人心」的宣導活動，十個月內走訪了中部一百八十八所校園，與超過六萬五千名的學子，講述如何在生活中落實「倫理與孝道」。

上百場的分享過程中，令她難忘及感動的事不勝枚舉。記憶最深刻也是最感動的一場，是在彰化輔育院。

那天分享結束後，林施淑美問孩子們：「想不想給阿嬤抱抱？」與四百個孩子的擁抱過程中，她感受到孩子的真情流露。在抱得一個比一個還要緊的擁抱裏，她體會到孩子最真誠的情感，有的孩子甚至流下淚來，哭成一片。

「阿嬤，您再來的時候，我一定不會在這裏。我會很乖地回到家裏，好好孝順父母……」

聽完孩子這麼說，林施淑美也跟著留下了眼淚。擁抱彼此的瞬間所帶來的溫暖，產生了好多愛在她與孩子之間。

林施淑美推動的「愛和尊重」，由家庭擴及到社會，由小愛開展至大愛。她分享自身對上遵從的經驗，秉持自我期許，不將自身受過的苦，加諸在任何人身上。

朝著擬定的目標努力

「本源從年輕就告訴我，他這輩子只專心做好兩件事：一是孝順父母；二是傳承家業。我想他確實都做到了！」李阿利提起，先生每回出門談生意，回到家經過公婆房門，只要裏頭燈還是亮著，一定入內向公婆請安，並鉅細靡遺地分享一日的行程及內容。

「對本源來說，『孝』不是只有奉養，更多的是『順』。他從高中開始，逢年過節送禮，一定挨家挨戶，老實送達。為什麼沒有送到，也一定如實向公婆稟告。」李阿利說，林本源初到中美製藥任職時，是從管理部學習為員工安排伙食開始，一步一腳印地到各個部門歷練。

一九七七年，林本源加入經營團隊，成為中美製藥第三代接班人。他不願忤逆父親的守舊，更不願放棄心中的藍圖。母親看出他的心思，總是溫柔又堅定地告訴他：「阿源，你去做你想做的事，其他的我來擔。」

帶著母親的全然信任與支持，他朝著擬定的目標努力——將中美製藥推展至國際，讓中美製藥生產的藥品，通過藥品優良製造作業規範（Good Manufacturing Practice，簡稱 GMP）。從一九八四年開始，他積極聘請美、日 GMP 專家為中美製藥 GMP 計畫顧問，並向行政院申請 GMP 藥品製造規範審核，通過 cGMP（Current Good Manufacturing Practice，指 GMP 藥廠的生產作業過程，與最新標準同步）藥廠認證。

隨著臺灣經濟起飛，民眾生活型態改變，中美製藥將研發方向鎖定在新文明病。研發兼具養生與預防治療的產品，成立保健食品事業部以及零售事業部，企業經營範圍涵蓋研發、製造、代理、批發、零售等，將產品銷售至澳門、香港等地區，並代理日本及歐美產品。

成立中美健康世界 Rx 連鎖藥局，進行 CIS（Corpcrate Identity System，

即企業識別系統）規畫。甄選出十六家種子店，設立直營門市、加盟連鎖體系，輔導旗下傳統藥局轉型為現代化經營。

打造中美製藥穩定的工作環境，提供員工宿舍，解決通勤問題。

二〇一四年，通過全球最嚴謹製藥規範PIC/S（The Pharmaceutical Inspection Convention and Co-operation Scheme的簡稱）GMP認證，並於日本成立仙同株式會社。

二〇一五年，林本源當選製藥公會常務監事、參加臺日產業合作搭橋論壇，與日本萬協製藥簽訂合作備忘錄；獲邀於臺大醫院國際會議中心專題演講「非處方藥產業概況與消費趨勢」。與長子林命權，登上《Taiwan Tatler》雜誌封面；榮獲國稅局頒發「績優營業人獎」。

二〇一六年，成立中美生技醫藥股份有限公司，進軍抗癌植物新藥研發領域，擴大海外版圖，成功銷售產品至東協市場。

二〇一八年，林本源接任中美企業集團第三任董事長。

二〇二〇年，帶領中美製藥榮獲國家品質玉山獎。

二〇二一年，林本源獲選 Taiwan Tatler 亞洲最具影響力人物、華人公益大使，擔任臺灣區製藥工業同業公會常務理事、中華民國藥品行銷暨管理協會監事。

投身公益、回饋社會

開創事業新格局的同時，林本源和李阿利對童軍和慈濟的投入，一樣保有熱忱，也持續投身公益、回饋社會。

林本源參加童軍亞太區領袖會議，並擔任亞太區財務委員；擔任臺灣省童軍會第一和二屆理事、臺灣省童軍會國際委員，獲頒童軍團績優領導人獎章——青松、翠竹、蠟梅。

李阿利雖投入大量時間在慈濟，但仍擔任領隊女童軍代表至汶萊參加團隊露營、童軍彰二團團副主委、中華民國臺灣女童軍總會第二十、二十一屆常務監事、世界女童軍總會亞太之友臺灣分會執行長。

他們也一起參與在泰國舉辦的世界童軍基金會皇家宴會，並獲瑞典國王頒授世界貝登堡之友證書；參加突尼西亞第三十七屆領袖會議暨青年論壇。

事業轉型經營時期，李阿利為了一圓林本源的海外留學夢，支持他到美國完成碩士學業。一九九三年，林本源順利取得賓夕凡尼亞州布倫斯堡大學，企管研究所碩士學位。

土耳其發生八一七大地震、臺灣發生九二一大地震，他們積極帶領中美製藥員工，一同協助並贊助慈濟投入國際賑災家庭醫藥包製作；捐贈慈濟南亞海嘯賑災藥品六百萬元；響應慈濟援助莫拉克風災，捐贈現金、藥品六百萬元；參與慈濟國際賑災「緬甸送米到農村」；捐贈超過一萬五千份保健產品，交由慈濟組成「安心祝福包」，贈給各縣市政府作為民眾居家防疫用。

贊助十鼓擊樂團曠世鉅作《臺灣之門——鹿耳門記鼓樂劇》、脊新家園愛心公益園遊會、弘道老人福利基金會「活力一百・銀髮健康操大賽」暨社區衛教講座、「100全運在彰化」百年全運會、彰化縣政府舉辦「臺灣燈會——在彰化鹿港」活動及彰化市「臺灣彰化燈會」活動、國際獅子會臺灣總會「重建倫理淨化人心」校園宣導活動。

二〇一五年，林本源以父親名字，成立財團法人滄洲文教基金會。

二〇一九年，連續兩年結合聯合報系，免費舉辦多場「癌知識講座」，推廣預防醫學方面的知識。

二〇二〇年起，連續三年頒發國立陽明交通大學菁英人才培育獎學金。

全家一起勤耕福田

二〇一八、二〇一九年，林本源雙親相繼圓滿此生，均享高壽八十八歲。「我的序大攏無佇咧（閩南語，意即我的長輩都不在了）！」林本源感傷地對證嚴上人說。

「今仔日開始，我就是你的序大（閩南語，意即從今天起，我就是你的長輩）。」上人的安慰，讓林本源哽咽得說不出話來。

李阿利表示，能夠與公婆共同生活近四十年，能夠盡心奉養兩位老人家直至終老，是他們的福氣。縱使公婆晚年行動日漸不便，他們依然用輪椅推著兩老上飛機，到日本欣賞美麗風景。

當晚年林施淑美生病時，一生嚴謹又大男人的林滄洲，竟在車上放聲大哭。他曾在《愛，是良藥》一書推薦序中提到，太太遠從花蓮嫁到彰化，時值「中美製藥」最艱困的前期，她是他這一生中最重要的一把鑰匙，這把鑰匙如果不見了！這個家要怎麼辦？

林滄洲眼中的太太，行事永遠優雅與慈藹、熱心公益，大處著眼、小處著手地打理著內外。而夾在先生的舊思想，與新思維的孩子中間當「石磨仔心（閩南語，意即石磨軸心）」，也有專屬於她的堅韌與柔軟。

最終，林滄洲在睡夢中辭世，比太太早一步離開人間。林本源和李阿利選擇在彰化靜思堂舉辦追思會，悼念他的善心善行。一九九八年，彰化靜思堂舉行動土典禮，林滄洲與林施淑美曾應邀參與，而這個道場也成了他們一家人的福田，不斷把愛的能量傳遞給更多的家庭。

「其實公公與慈濟結緣很深，早年他到花蓮出差時，朋友告知有位師父要蓋醫院，向他募心募款，當下他除了將收到的貨款全部捐出外，又主動再增添金額。」李阿利表示，公公長存濟世救人的善念，無論身教、言教都影響子孫甚深。

不久，上人行腳至彰化靜思堂，李阿利帶領全家前來感恩師父的祝福，以及慈濟法親的一路相伴、協助。

婆婆林施淑美感傷地對上人表示：「老伴還沒對自己說過半句『愛』就走了。」

上人告訴她：「老先生當然愛你，而且他用一輩子的行動，表達對你是真心的愛；他與你一起養育了這麼好的孩子、孫子，這都是愛的證據，要很滿足地感恩他。感恩他最好的方法，就是要健康、要開心、不要鬱悶，他才能很安心地應下一段因緣而去。」

上人鼓勵她，後事都處理好後，把心安定下來，「跟著阿利一起參加慈濟活動，常常來靜思堂與人互動，分享人生經驗，鼓勵年輕人、安老者的心，這就是對子孫最好的教育。」

林滄洲追思音樂會圓滿結束後，林本源與李阿利帶著女兒林宜琳一同至靜思精舍向上人表達感恩。

聽李阿利簡扼說明追思會的過程後，上人開示道：「人生自然法則，有來的時候，也有去的時刻；來時不知從何來，去也不知何時去、如何去，最重要的是在生與死之間，如何活出充實人生。」

「老先生踏實認真做生意，也很有智慧，懂得做好事，所以他很有福，子孫、媳婦都很孝順，有志一同行善付出，是積善之家。除了慈濟法親來參加追思會，老先生的朋友以及與你們有生意往來的人，也都這麼關心，可見他本身與你們做人成功。」

最後，上人強調：「後事簡單莊嚴，也能感動人；不必看時、日做法事，也不必看方位、有什麼忌諱，只有真誠地追思。老人家此生圓滿，留下事蹟在人間讓子孫追念，子孫也要傳承其心志，為自己在人間留下善的足跡。」

第七章

畫境 心境

年輕時，林本源最大的夢想就是做一個藝術家，他喜歡畫畫、喜歡設計，想要雲遊四海，是一個很浪漫的人。

閒暇之餘，他將生活中喜愛的事物、旅遊中美好的記憶，重新描繪，透過一筆一畫，細細勾勒出心中的情深意真，彩繪出天倫之樂。

創作與畫畫，是林本源最快樂的獨處時光。每一幅畫的背後，都有溫馨感人的故事，細膩的表達出他對家人的愛。

人生境界的極致追求

◎詹大為（慈濟志工）

二〇一八年，林本源重拾年輕的夢想，開啟繪畫人生。他曾說：「這是一種人生境界的追求。」

「爸爸心裏其實住了一個老頑童，他有豐富的生命力和夢想，是一個非常有赤子之心的人，我們常說他是被企業耽誤的藝術家。」二〇二二年七月，女兒林宜琳和女婿劉郁麟在臺中豐藝館，為林本源舉辦個人畫展。

整理畫作時，林宜琳發現，父親不僅用色豐富，也在畫中透露他的內心世界。例如迎接第一個外孫劉子熙（小啾比）的到來，特地畫了一幅〈花火〉，慶祝與紀念新生命的誕生。〈驚喜禮物〉是為紀念與妻子結婚四十周年所畫，還有與孫子、孫女一同創作的〈Happy、I have no idea〉……

在林本源的生活中，俯拾皆是風景，包含油彩、水彩和一幅炭筆畫，總計展出四十六幅彩色山水、倫常、旅遊圖。其中，有賞心悅目的花草植物〈木棉迎春〉、〈粉色藍花楹〉；色彩層次分明的自然光影〈黃穗〉、〈夕陽向晚〉、〈獨坐霞晚〉……一幅幅多彩的畫作，讓日常鮮活起來，饒富趣味。

畫展主題定名為「青山元不動 白雲自去來」，林宜琳說：「這是爸爸最喜歡的一句話，也是他給自己的期許。他認為，人的本性應該像青山一樣如如不動，不輕易改變，但是生活的態度可以很瀟灑，可以很隨性、寫意，就像白雲自在來去一般。」

為了圓滿林本源的夢想，林宜琳得到先生和公婆的全力支持。不僅提供專業畫廊場地，虔誠信仰基督教的婆婆，也以《聖經》中的一句話：「子孫為老人的冠冕，父親是兒女的榮耀。」給予這場畫展最美好的祝福。

開展當天，李阿利親自到場說明先生的作畫過程，其中〈驚喜禮物〉這幅畫中的花，是由一隻隻蝴蝶組合而成，意寓為執子之手、與子偕老，夫妻間永遠說不完的千言萬語。

「畫境，即是心境。」展出期間，前往參觀畫展的慈濟志工謝玲蘭表示，畫展的主畫是合歡山高山杜鵑，作畫者心懷山海、眼有星辰，將萬壑千水收攝於心念。「心，安住在靜寂清澄中，勾勒出張張柔軟、色彩繽紛的畫作。」

另一幅〈沙漠景色〉，是林本源和李阿利一起到突尼西亞參加國際童軍大會——第三十七屆領袖會議暨青年論壇後，同遊薩哈拉沙漠的情景。畫中呈現兩人情到深處，只需一對眼即心相契，自然流露的情感，令人動容。

還有幾幅令她印象深刻的作品，如〈日本繽紛的櫻花〉、〈遠眺富士山夜景〉、〈加拿大極光〉、〈日月潭一景〉、〈結婚紀念日〉等，其中有與李阿利的旅遊記事、描繪孫子女的童趣畫作，「從中看到本源師兄有情、有義、有滋、有味的柔情與平易近人的居家風範」。

生命的本然

◎蕭蕭（臺灣作家、詩人）

二〇二二年六月中，接到中美製藥公司董事長林本源的女兒 Pinky 的邀請函，邀請親朋好友參加一場他們姊弟為父親舉辦的藝術饗宴。

信上說：我們的父親——林本源先生，投入家族事業四十多年的時間，這兩年斜槓成為「新老畫家」，拿起畫筆，重拾年輕的夢想，開啟畫家的人生。父親一輩子努力奉獻給家庭、社會，在事業上兢兢業業，作為孩子與女婿、媳婦的我們，希望透過這場畫展為他圓夢，支持他成為藝術家的夢想。誠摯地邀請您一同參與畫展開幕式茶會。

信的最後，由所有的子、女、媳、婿：宜琳、郁麟、命權、侖希、偉權，一同具名邀請。

認識「中美製藥」很早，早在小學時代的彰化社頭老家，那時的偏鄉地區都會有寄存的十六開家庭藥袋，日常居家必備的感冒藥、腹瀉藥、咳嗽藥、外傷藥膏都在其中，如有需要，即可及時取用，下次巡迴而來的「外送員」（那時就有外送員了）來訪，繳錢、補藥，一次搞定，沒錢也無妨，藥袋上註記，下次方便時再給。那就是我初認識的中美製藥公司。

一九五〇年代的朝興村，識字的人不多，我就常代替鄰居伯伯、叔公，或鑑定、或選擇恰適的藥包，不是我識字強，是小藥包上繪有圖畫——

額頭上放著小冰袋→退燒藥。

左手撫著下巴，還點著「燕」字的四小點→嘴齒痛。

繪著蝦、繪著龜、繪著掃帚，照順序念一遍：蝦龜掃→這是咳嗽藥。

望「圖」生義，小學時代的我就這樣開始服務鄉親，跟著中美製藥公司十六開家庭藥袋的圖繪，開始服務鄉親。

那天，我一踏進大樓展廳，那不是三合院的老家了，不是紙藥包上的小圖繪了！SS鋼構建築大樓，美村路「一即一切」的豪情、自信、氣派的「豐藝館」藝術廳，就在臺中美術館的右前方。

老友杜忠誥的書法比我們先到，我和杜忠誥坐著高鐵、由烏日的陳憲仁接抵，還是慢了他飛舞的「青山元不動，白雲自去來」那幅字，就在展場的入口位置，那原是《五燈會元》書上靈雲志勤禪師的哲學思考，日本茶道上「一行物」掛軸、七月份常出現的禪語。

林本源隨著李阿利老師品茶，對這十個字深有體會，特別請彰化鄉親杜忠誥書寫，懸掛在他〈合歡杜鵑〉的兩側，那是常常在青山與白雲間思索人生的自我警醒，那樣篤實的青山，不變的自性，何妨任山間白雲自來自去，任世間光影隨他明、隨他沈的覺悟。

但在林本源的畫中，眼前的那一片杜鵑卻是彩色人生、家庭倫理的美好寫照，都在油彩中具現出的內心盼望，現實的實現。甚至於有如年紀輕輕的羅文玲老師所體會——面對那不動的青山，白雲的去來，反而增添了多少美的元素！

羅老師早在芒種之前，就有幸先睹了畫冊上四十四幅彩色山水、倫常、旅遊圖，她看見了林本源內在的堅韌，也體會了他日常行事的自在、自如，凡事微笑以對，他們都看見了白雲來、有白雲來點綴的顏彩，白雲去、有白雲去後青山的清淨光。

我緩緩行過畫廳，就像禪語中那一片自去來的白雲，環繞著那一筆、一筆點畫上去的水彩、油彩，點畫出來的嫵媚青山，他兀自不動，我可以遠看、近看、遙想、神遊……六、七十歲的心靈，素人畫家的真，生命的本然。

搭高鐵北上時，東側的青山清晰有眉，地上的綠田有白色的日光。

——原載《蕭蕭秋天日記．尋常巷陌》（爾雅版）

青山不礙雲飛

◎靜淇（本名李惠瑩／慈濟大學通識教育中心兼任講師）

「若能從物質的愛欲中跳脫出來，心自然天廣地闊，無限豐饒。」證嚴上人曾為眾弟子如是解讀，何為「幸福」與「財富」；而我，就在「青山元不動 白雲自去來——林本源個人畫展」中，看見「新老畫家」的「廣闊」和「豐饒」。

認識本源、阿利伉儷超過三十年。一九九三年，阿利首創專為六到十五歲孩童開辦「慈濟快樂兒童精進班」。教材以《靜思語》為藍本，培育孩子寬闊的視野，透過體驗模式，學習愛、關懷與力行，使學員成為身心健康、自愛助人的小菩薩。而這種教育模式，也成功地在他們三個孩子身上展現。

因為活動需要，和阿利經常在一起。我們不只拳拳服膺、信受奉行上人的法，尤其在經營人生的理念也是如此；因此，成為彼此知心的善友，進而與她們全家人熟悉。林奶奶、林爸爸和林媽媽的身後追思儀式，也承蒙他們厚愛，忝為司儀。

就是如此的相知、相惜，於觀賞本源的畫作時，特別有感於〈石與松〉的靜默，及〈海景〉的大音，令人可以「從物質的愛欲中跳脫出來」。

看屹立崖邊山石上的老松，長年歷經風來雨來，嚴冬酷暑，卻依然挺拔，無畏地迎戰自然法則，亦如本源挑起近百年的中美製藥，對上承接父祖輩「製藥就是道德」的家訓，對下傳遞「創造健康幸福」的利他理念。乃至面臨內外人、事、環境的艱鉅挑戰、逆順考驗，皆撼動不了他如石的堅韌，如蒼松的志節。

而〈海景〉一圖，直觀看到藍天白雲下的浩瀚大海，即便波濤洶湧，浪打礁石，仍歡喜包容，同時接納溝渠的涓涓細流，如若本源宏觀天下的視野和胸襟，往往讓周遭的人自在歡喜，沐浴春風。

那天在展場，對〈石與松〉及〈海景〉悸動之外，也仔細欣賞每一幅畫作的意境。有他對家庭親情的眷念、有他對生命蛻變的記錄、有他對鄉土情感的書寫，都在筆墨之間洋溢慈悲與智慧。

繞行一周，深深讚歎畫展成功展出，就如宣傳海報所言，「少時懷抱的夢想，在最好的時節收穫」。

多年來，本源溫文儒雅、風度翩翩的外表以及談吐得體、深具內涵的形象，我一直覺得他不像叱吒商場的企業家，倒像不問紅塵俗事的騷人墨客。這也印證了證嚴上人所說的：「有智慧的人，在娑婆也能解脫自在地完成他的志願。」

祝福本源、阿利和他們的親愛家人。經由這次畫展，終於知道這樣一位謙謙君子，一生永不忘懷而且想要實現的「志願」，故以此內心話為記——

是斜槓人生啟發世人的歷史性時刻
本源是青山
堅韌負重守護家業企業
阿利是白雲
溫暖呵護家人每顆心靈
然而
青山不礙雲飛
白雲永繞青山
青山白雲孕育了孝順貼心的子女
如今
他們反哺報親恩
讓大家看見了《林本源個人畫展》

觀賞者透過每一筆線條
每一個顏色
看到了本源清明悲憫的赤子心
以及逆順不移的精進勇猛心

勾勒出美好回憶

◎簡淑絲（慈濟志工）

夏日午后，我來到臺中參加一場藝術文化饗宴。

位於臺中美術館旁，美村路與五權西路口，豐邑建設大樓地下室的豐藝館展場，有一場特別的畫展——中美製藥林本源的畫作個展。

進入展覽會場，一眼就看到身穿白色上衣、米白長褲的畫家妻子李阿利，她露出燦爛的笑容，給了我一個大大的擁抱，並熱情地說：「歡迎蒞臨！」

聽著阿利師姊的細心導覽，靜靜欣賞著本源師兄每一幅畫中傳達的「美善」與「愛」，也看到了每一幅作品的生命力和正能量。

十四歲那一年，我也曾拿筆畫素描、山水畫，但是後來就沒有再堅持與繼續。當我看到本源師兄的作品，那是阿利師姊與家人的大力護持，開啟了他的作畫之路。

我的視線停留在一幅〈合歡杜鵑〉上，讓我感動的是，圖中青山渺渺……本源師兄在圖卡上說明，站在百岳之一的合歡山上，他心中浮現最愛的境界——青山元不動，白雲自去來。於是，與同行繪畫老師說：「來吧！就將合歡山上的美景留在畫中吧！」

看到飄渺的雲海，點綴在綿密的層層山巒之間，彷彿我也站在那海拔三千多公尺的合歡山主峰上，看到了白色、紅色、粉紅色相間的合歡玉山杜鵑，花影交疊競相綻放，一切如此美好、純淨無瑕。

還有一幅〈日月潭〉水彩畫作，阿利師姊與本源師兄常開車到日月潭，這是他們最常去踏青的一個景點。

他們總是一大清早開著車到日月潭，坐在湖畔前，喝一杯咖啡、搭配簡單早餐，用最浪漫的心情，俯視眼前的美景，有一種不言而喻的清心自在。

另一幅作品是攀附在懸崖邊的松木，穩固而屹立不搖，像是守候在歸處的老友般，迎接著岸邊的歸客。

〈石與松〉畫作，描繪出中國著名景點之一——黃山。那是他們多年前與父母親旅行，到過黃山所留下的足跡。

我看到本源師兄畫出內心的世界、記憶中的風景、思念父母親的心情。他用油畫、水彩、水墨畫勾勒出美好回憶，及日常生活美好點滴……

因為有女兒宜琳及女婿郁麟的一片孝心，促成了這一場畫展。為了圓爸爸的藝術美夢，他們在陽臺準備了一副畫架，放置一個多月，有一天，終於看到爸爸拿起畫筆，彩繪了起來。

一趟藝術饗宴，我看到了一幅全家和樂融融的畫作，本源師兄以水墨豐富人生，以彩筆點綴美善孝行。行善布施的美德，也一路脈脈相傳。

第八章

白雲自去來

畫作展出前一年，林本源就生病了。面對醫療的極限，李阿利如何面對？

一天，證嚴上人捎來如慈母般的關懷：「阿利，你好嗎？」

「上人，我不好！本源這一生是這樣地與人為善，盡心盡力孝養父母，投注畢生心血在事業上、家業上。對社會、志業也是那樣無所求地付出，為什麼他會生病？」

上人告訴她：「他已經做到有賭（閩南語，意為有剩餘），你要更加虔誠地祝福他、感恩他。你跟著師父這麼久，要有因緣觀、要懂得人生的真理及自然法則。」

李阿利忍著悲慟答應上人，「請上人放心，我一定會做到靜思弟子應有的行儀。」

因緣生滅唯有祝福

二〇二二年十月二十二日清晨，林本源於睡夢中圓滿此生，享年六十九歲。彰化合心關懷團隊一早接獲訊息，立即前往關懷。與李阿利相熟的臺中慈濟醫院副院長莊淑婷，也取消南下行程，陪伴她一整天。靜思精舍德如、德愉、德格、德深四位常住師父，帶來上人的關懷及祝福。

林本源生前廣結善緣，樂善好施，南投鎮國寺、臺中寶雲寺、菩薩寺等諸位法師，也紛紛前來為他開示。

「本源剛走時，很多人問我好不好？說真的，我真的沒有好，也沒有不好。」李阿利表示，她答應上人做一個明白生命真理與自然法則的靜思弟子，縱使無法忍住悲傷，淚水還是不停地流，但她知道那不是情緒宣洩，是自然的情感流露。

「我努力學習把它當作流水，讓它輕輕地過。」長年跟著上人學佛，她知道此時此刻，佛法是要拿來用的。「這一切都是因緣生、因緣滅，唯有祝福、再祝福……」

為先生做六七時，李阿利回到靜思精舍，每一次跟隨大眾做早晚課時，她還是不停地流淚。「那些淚水像是在洗滌我的身心，讓我對於生命更透徹、更明白。」

十一月歲末祝福期間，上人行腳至彰化時，對她慈示道：「人生到底幾歲才是真的享壽？生命再長，都無法令人滿足，既然如此又求什麼呢？愛他就要成就他，他的世間緣已盡，就不要讓他牽掛，也不要讓他的身體再繼續受苦。即使懷念，也要用覺有情的智慧給予祝福，不要用糾纏的無明情牽絆他，也纏住了自己。」

「過去他造了那麼多福，我期待我的弟子不要往生西方，要投生好人家，回歸人間。人間有苦有樂、有貧有富、有病有醫，都有對照，要選擇如何去幫助貧窮、病苦。你現在也已經了無牽掛，要發一念心，多造福人間、發揮大愛。」

李阿利感恩上人的開導，也告訴上人，讓她感到最幸福的，就是全家都是慈濟人。「在最後盤點生命價值時，本源說他最有價值的是二〇一九年皈依上人、受證成為慈濟委員、慈誠隊員，成為入室的靜思弟子。」

同仁心中永遠的「帥董」

在林本源的生命最後，李阿利曾問他最想要去哪裏？他說：「想回慈濟、想回中美製藥……」陪伴林本源走完生命最終程，李阿利依照他生前的心願，將靈堂設在他最愛的公司，並在彰化靜思堂舉辦音樂追思會，為他圓滿這最後一件事。

追思會那天，到場的有法師、修女，來自日本、美國以及全臺各地的親友、慈濟志工、醫界、藥界、社團等，約一千三百人。大家透過手語、唱詩、歌唱、童軍虔敬聚會的儀式，緬懷、感恩、祝福送別林本源。

中美製藥同仁陳雯琬分享：「有一家連鎖超市開出條件，希望讓中美產品在他們的全臺店面上架。但是董事長沒有答應，他說，不能因為利益，讓跟著中美這麼多年的藥局受到影響。這就是我們的董事長，疼惜藥局店家如親的好人。」

在公司，林本源永遠都是一套襯衫、西裝褲，保持神采奕奕的模樣，年輕一輩同仁給了他一個獨有的稱號「帥董」。

在資深員工陳雪惠眼中，他是「難得一遇的 Super Star」。「誠懇、用心、有禮貌」是「中美製藥」的文化，更是「帥董」留給人的印象——不只是溫文儒雅、風度翩翩，更多的是學習與謙卑。

「帥董常說，我們跟客戶關係是共存共榮、互惠互利。帥董說，傳承是他的使命，他不只做到中美的傳承，連會員店家新生代傳承，他都貼心照顧到了……」

「大家這麼愛他，並不是因為他高、富、帥，而是他始終保持著『低調做人、高調做事』的風範，他永遠都是那樣謙卑地帶領著我們。」

「我記得帥董說過『厚德載物』、『開源節流』……他講的開源節流，其實是希望大家都能做好時間管理，善用時間增進自己的能力，才能發揮集體創意，讓公司創造更大價值。」

中美製藥的業務代表，是林本源親自帶出來的團隊。他也一直以團隊領導模式，尊重每一位同仁，欣賞每個人的優點。每一年新春之際，總是給予團隊新的發想、新的祝福。跟隨他二十三年的業務代表李翌岑感性地表示，從帥董身上，他學習到愛才惜才更要引導成材。

資深員工陳惠英也分享：「在中美服務二十八年來，帥董教會我『機會是留給準備好的人。』不放棄任何學習機會，要時時充實自我，一有機會就能上臺……」

「新冠疫情爆發時，帥董帶動員工製作愛心祝福包，裏面放的都是我們公司銷路很好的藥品。但帥董說，錢再賺就有，救人要緊。他就是這麼宅心仁厚。」林春萍感動地回憶。

「面對第一次開發的業務和產品，難免會有失誤及需要檢討的地方。但帥董永遠都說沒關係！從不給員工指責，他總是說，只要大家能從中學習如何改善，讓下次更好就好。對我來說，帥董的牽成、栽培、信任及授權，是我最最難忘的。」

資深員工柯天賜回憶華東水災及一九九九年土耳其大地震時，中美製藥首次為慈濟國際賑災製作醫藥箱的情景。

製作醫藥箱源自於老董事長「寄藥包」的概念，但又要迎合異國災民的需求。那一次，柯天賜看到的是林本源打從內心為人設想的慈悲心。「由於語言不同，董事長擔心他們看不懂用藥方法，於是開發圖像說明，用圖示讓災民知道正確用藥的時間。」

「醫藥箱的外觀設計要如何便利？給予哪些藥品才是最適切的？過程中，我看見的是董事長做事的細心與貼心，連做好事也一樣處處為人著想。我真的很感念他，尤其是他對我的信任及栽培。」

在員工眼中，林本源帶他們就像帶著自己兄弟姊妹一樣零距離。他的沈著與親和，點點滴滴的相處，早在資深員工心中種下了許多感恩與感動。

來自雲林崇愛藥局的第二代經營者黃紹瑋也分享，多年前，第一次與父親參加中美製藥的晚宴，原本抱著只是吃吃喝喝、遊玩的心情，沒想到卻在宴會中，看見了中美製藥的用心。

參加中美製藥在臺南十鼓文創園區舉辦的成長營，黃紹瑋表示更是收穫滿滿。活動中，他不僅認識更多第二代的經營夥伴，透過相互學習與交流，課程的安排與訓練，也讓他見識到企業經營者的用心。

「中美圓桌武士」是年輕第二代、第三代經營者，爭相為善競爭的榮譽。十年來，從「中美圓桌武士」活動中，黃紹瑋看見共存與共榮的可能性，也感謝中美製藥用心對第二代的栽培與教導，甚至搭起店家相互共勉與交流的橋梁。

將不捨化作聲聲祝福

在追思音樂會中，長女林宜琳懷念與父親林本源相處的時光。

二〇一八年農曆春節，她與父母前往靜思精舍，並在上人的祝福下，和父親一起踏上緬甸，一同走入苦難人群發放豆種。「這是爸爸第一次參加國際賑災，我們一共去了七天，每天早上四點就要起床，每天要到好幾個地方發放，爸爸非常地歡喜。」

「到發放的地方雖然路難行，白褲變成了黑褲，卻是法喜充滿。」

「爸爸分享說，這七天他真正感受到什麼叫手心向下，什麼叫做布施，什麼叫做走入苦難的人群。」

不忘緬甸苦難人的自力更生與喜捨，林本源將「米撲滿」帶回中美製藥，至今仍擺放在董事長辦公室最重要的位子上。

黃秋良等七位志工，因緬甸賑災之行，與林本源結緣，當天特地從臺北、桃園前來祝福。賑災期間，黃秋良與林本源同一個房間，「他每天都充滿笑容與活力！在緬甸進入寺廟發放需脫下鞋襪，打著赤腳，有時要走在四十度的水泥路上，很燙啊！但他都完全配合。」

「發完豆種，還要下鄉回訪、貼靜思語，坐拖拉機、摩托車走在羊腸小道上，也甘之如飴……」

「我們深信證嚴上人慈悲開示：『生命有限，慧命無窮。』誠如爸爸所說：『人生這趟旅程像是搭火車，每個人下站的時間不同。』如今他先行下站，開啟另一個重要的里程碑。」林本源的長男林命權與次子林偉權，演唱〈千里之外〉以及〈You Raise Me Up〉，獻給父親。

林命權告訴大家：「〈千里之外〉是爸爸生前最喜歡的一首費玉清的歌，僅以這一首歌紀念跟爸爸在一起的每一天。」

林本源熱愛童軍，從十四歲開始參加童軍至今，超過半世紀。林宜琳提到林本源對童軍的奉獻：「爸爸用一生，活出童軍的榮耀與光彩。他親赴英國受訓，獲得三枚輔導木章，得到臘梅工作獎章，並且出席世界童軍基金會皇家宴會，由瑞典國王頒授全球最高榮譽的世界貝登堡之友證書。」

十四位來自全臺各地及日本的童軍代表，用童軍虔敬聚會的儀式，送別林本源。童軍代表，細數林本源在童軍運動的種種事蹟，並用影片回憶過往畫面，會場不時有人悄悄拭淚。童軍夥伴獻唱〈在我夢中回到極偉園〉，及林本源最喜歡哼唱的〈小隊呇〉、〈晚禱〉。

追思會最後，李阿利強忍悲傷地說：「感恩本源這一生對父母、兄弟手足、家庭、事業的奉獻與犧牲，我願以最虔誠的心，祝福我畢生摯愛，快去快回、乘願再來。」

如春風般

◎林宜琳（大女兒）

我的父親林本源
出生於一九五四年三月三十一日
身為長子的他
有兩個妹妹、兩個弟弟
從小就聽阿媽說
爸爸看著阿公、阿媽
從原本的負債
到把事業打拚起來
一路艱苦

因此影響了他
成為一位特別孝順
格外愛家的好爸爸

記憶最深刻的是
阿媽說小學時的爸爸
曾經用毛筆寫了滿滿的「忍」字
貼滿了書房
童年的他看見阿公、阿媽的辛苦
用這樣的方式砥礪自己堅定地恪守
「難行能行　難忍能忍」的忍辱精神
一路陪伴阿公、阿媽

四代同堂六十多年
晨昏定省一甲子
數十年如一日
在嚴父慈母的阿公、阿媽心中
是個負責孝順有擔當的孩子
逢人總是不忘稱許
阮阿源遮爾有孝（閩南語，意即這麼孝順）

一九七八年
爸爸在耶誕樹下向媽媽求婚
開啟了他們牽手一世情
四十多年來

始終是大家心目中稱羡的神仙眷侶
在媽媽心中
爸爸是個既浪漫又體貼的先生
他們不只是經營家族事業的最佳夥伴
也是走遍世界旅行的好伴侶
同樣地熱愛童軍、一起護持慈濟
行善天下

而在我們三姊弟的成長過程中
爸爸一直是最溫暖的傾聽者
是循循善誘我們的人生教練
雖然在他年輕時

因繼承家業無法追求自己的夢想
但他卻全力支持每個孩子
完成自己的人生夢想
大弟命權熱愛生物
拿到生化博士並全心全意繼承家業
成為中美第四代接班人
和 Yooni 養育可愛的樂樂與 Momo
小弟偉權追尋自己創作的夢想
成為小說作家
我則是精彩極致地跑遍世界
同時更不忘做志工與服務人群
婚後的我

和郁麟用心組織了幸福美滿的小家庭

爸爸給自己的人生定位就是「傳承」
上承祖業將中美發揚光大
下啟「以善以愛傳家」的家風
為我們樹立典範
全心全意經營中美醫藥集團
是爸爸一生最大的使命
從高中畢業就跟在阿公、阿媽身邊
跑政府機關與藥局市場
一九七六年
畢業於淡水工商管理專科學校後

就全職投入中美經營
「良藥濟世」是他一生的職志
爸爸不僅推動藥業 OTC 產業發展
同時帶領著中美團隊
通過全球最嚴謹的製藥廠 PIC/S GMP 認證
更於任內榮獲國家品牌玉山獎
以及國家生技醫療品質獎

在同仁的眼中
董事長「引導成才 愛才惜才」
帶領著團隊使命必達
這十年來

他年年舉辦「圓桌武士」講座
培育藥局第二第三代經營者
提供最新醫藥的專業知識與經營技巧
他不僅內修外行、宅心仁厚
更處處為人著想
是一位共好利他精神的領導者
從十四歲開始參與童軍
「人生以服務為目的」深植他心中
爸爸與媽媽都熱愛童軍
一九七九年臺美斷交後
他們是第一批赴美
擔任美國童軍夏令營的國際輔導員

挑起國民外交大梁
爾後參加世界領袖會議
擔任童軍總會與亞太童軍要職
不僅提供公司的空間給彰二團
更在每一次的全國大露營
贊助大量物資給孩子們
爸爸熱愛童軍
用一生活出童軍的榮耀與光彩
他親赴英國受訓獲得三枚輔導木章
得到臘梅工作獎章
並且出席世界童軍基金會皇家宴會
由瑞典國王頒授

全球最高榮譽的世界貝登堡之友證書

除了致力於童軍運動
爸爸為阿公、阿媽成立了「滄洲文教基金會」
用企業的力量回饋社會
首重於偏鄉教育、急難救助
弱勢族群的支援與照顧
更積極辦理校園品格活動宣導等
數十年默默地耕耘
也因為這些善舉
讓向來淡泊名利的爸爸
獲得社會大眾的肯定

於二〇二一年陸續榮獲華人公益大使獎
工礦團體優良理監事獎
以及《Taiwan Tattler》亞洲最具影響力人物獎

晚年的爸爸
拾起畫筆開始他的斜槓人生
完成他年輕時想成為畫家的夢想
爸爸說特別感謝
親家劉樹居董事長夫婦與女婿郁麟
為他辦了一場別開生面的畫展
「青山元不動 白雲自去來」替他圓夢

爸爸和慈濟的因緣
要回溯到一九九一年
承蒙證嚴上人行腳到彰化
那時恰逢中國大陸華東水災
相當殊勝的因緣
上人在我們家開始呼籲大陸賑災
自我九歲起媽媽參加慈濟
爸爸就一路支持著她做志工
每當有重要的活動都會親自陪伴參與
爸爸也是我參與國際賑災的最大支柱
在他的心中
巾幗亦能不讓鬚眉

女孩兒不一定要嬌養
因此我從尼泊爾、斯里蘭卡、墨西哥到緬甸
投入災區前線艱苦的賑災行列
小弟偉權亦在日本
擔任慈濟志工教小朋友中文
並參與三一一大海嘯援助行動
令我最懷念的
是二〇一八年父親和我一起踏上緬甸
一同走入苦難人群發放豆種
此次緬甸行
是全球新冠肺炎前的最後一次國際賑災

「小孝善事父母 大孝兼善天下」
爸爸一直到圓滿阿公、阿媽的人生後
才完成培訓
成為受證的慈濟委員、慈誠隊員
在臺灣爆發新冠肺炎時
親自跑遍五個縣市
捐贈超過一萬五千份家庭防疫包
帶著公司同仁一起投入行善的行列
上人說「行善行孝不能等」
爸爸用他的一生親力親為、努力實踐
我的爸爸溫文儒雅、孝順愛家

就像人間四月天的春風
總是讓身邊的人感受到溫暖
爸爸把全部人生都貢獻給家庭與事業
誠如他所說
人生這趟旅程像是搭火車
每個人下站的時間不同
如今他先行下站
開啟另一個重要的里程碑

我們深信證嚴上人慈悲開示
「生命有限，慧命無窮」
雖然內心難掩傷悲

但我們不忘
為最愛的爸爸獻上無限的祝福
他不僅是中美的掌舵大家長
也是我們最親愛的爸爸
而他的精神與善行善念
已經活在我們每個孩子的血脈裏
更落實在每一位中美同仁的身上
永續經營
愛不間斷

珍惜相伴時光

◎林命權（大兒子）

成長歲月中，爸爸、媽媽無論工作有多忙，都一定會挪出時間陪伴我和姊姊、弟弟，在這樣無微不至的呵護下，爸媽無形中成為我的安全堡壘，更奠定了我的自信根基與高ＥＱ管理哲學。

爸媽對我們不採威權教育，始終是以尊重、自由、開放與支持。爸爸常說，做想做的事是本質，深探興趣所在更是重要，做任何事都要保持興趣。因此，他從不設定我們的未來，更不求要繼承家業，鼓勵我們到處探索，到各國學習。

很謝謝爸媽，讓我們有無比寬敞的視野，也讓我們比別人有更多的機會，在探索後做抉擇，努力共創幸福的每一天。

也因為爸媽的鼓舞，從臺灣大學植物病理與微生物學系畢業後，我立即申請到美國南加州大學生物化學與分子生物研究所攻讀碩士，之後到世界前五大美國臨床公司就職，接著被挖角到國際品牌的生化公司服務，二〇一三年很幸運地拿下全球最佳新人獎。

同年，中美製藥正如火如荼邁向亞太市場的布局與業務拓展。爸爸是長子，他總是以身教樹立典範。同為長子的我，深知自己的責任重大，也能深刻了解「上承祖業，下啟至善、至孝」的傳承使命。

在爺爺、奶奶與爸媽聲聲愛的呼喚下，我毅然決然回國，亦步亦趨地追隨爸爸，開啟新的里程碑——藥廠的經營與管理。

跟在爸爸身邊學習了十年，很感念他手把手地帶領我、教導我、啟發我。我始終不忘帶著他的期待與叮嚀，為老品牌藥廠的永續經營與深耕，而竭盡心力。

爸爸希望將中美製藥打造成「幸福企業」，因此，不僅要永續經營，更重要的是「傳遞幸福的價值」，將這樣的核心價值落實在日常營運中。

產業的未來發展、企業永續對我來說，是一項任重道遠的責任，承接曾祖父、祖父、爸爸的概念——「製藥就是道德」的精神，更重要的是超前部署，要看到未來五年、十年甚至於更遠的企業願景。

有爸爸相伴的時光，是令人振奮的。我相當珍惜爸爸帶領的每一天，也因為如此，回公司的第一年，我更驅策自己，每天至少拜訪十家以上客戶。

在這當中深刻體悟與時俱進的技能是重要的，在不斷求知、求進步中，得到爸媽的再次鼓勵與支持，一邊上班一邊攻讀陽明交通大學生化暨分子生物研究所博士，於四年半取得博士學位。

我深信，經過這樣的淬鍊，我有更足夠的高度與專業精準度，與同仁們攜手大步朝中美百年里程碑前進。

沒有爸爸陪伴的日子已經一年了，對他的思念，就如同我在追思音樂會上，強忍淚水獻唱的那首歌〈千里之外〉，我深信，就算在千里之外的國度，他對我們的愛，永遠都在……永遠永遠都在……

坐在巨人的肩膀上

◎林偉權（二兒子）

坐在父親的肩膀上玩樂，一直是我兒時和父親互動最深刻的記憶。人生的成長歷程，何嘗不是坐在巨人的肩膀上，才能夠看得更高、更遠，因此而獲益良多。

學生時代，就常聽父親提及我小時候，與其他小朋友不太一樣，選擇遊戲項目，總是很堅定，一旦擇一，就不會再想其他；挑選玩具很迅速，短時間立刻就挑好，也不會再多看其他玩具一眼。

父親說，有想法又堅定地迅速決定事情並非不好，只是少了多思量的步驟，難免缺乏了柔軟性，思考事情不夠周全，在不知不覺中可能失去其他選擇可能性的機會。

如同這樣的父子交流，父親的許許多多身教、言教，讓我就像坐在巨人的肩膀上，不但看事情更高、更遠，也更能夠清楚地看清自己。與父親獨處時曾分享，以文創事業的方式，讓世界更祥和美好，是我畢生的志業抱負。父親欣然地支持和祝福，使我至今仍持續努力不斷創作。

希望藉由人物故事，給予觀賞我作品的讀者觀眾，達到娛樂目的的同時，還可以有所啟發，就像那些經典名作一樣，有發人省思的正向力量。

創作是無限長遠的路途，期許自己能夠持續不間斷創作更多作品，「心靈的良藥」是我對於創作作品的目標和要求，也是傳承「製藥就是道德」的宗旨，承襲阿公、阿媽與父親，林家樹立的家風，以仁義倫理道德為基礎，持續為社會、為世界帶來清流，盡心盡力。

生命最燦爛的二十五年

◎李翌岑（中美製藥協理）

二十五年，是多長的時間？是可以讓一個孩子長大成人。再過三百零六天，就是我在中美製藥屆滿二十五年。

中美製藥走過八十七年的歲月，至今已傳承第四代，或許是時間軸的巧合，我經歷三代董事長。剛來到中美製藥，我遇到的是第二代董事長林滄洲先生，那時的他已是退休狀態，所有營運事務幾乎都是當時的總經理林本源先生打理。雖然我並非林滄洲先生所訓練出來的員工，但他總是會在業務員回公司開會時，要求老董事長夫人煮一頓豐盛晚餐，招待業務同仁，餐後還會帶著我們暢談分享經營之道。許多年下來，我在他與老董事長夫人身上，學習到待人處事及身為業務員該有的奮鬥精神。

中美製藥第三代林本源先生，是我生命中的貴人，他點燃我生命最燦爛的二十四年。回想從進入中美製藥任職業務員起，我發現每位業務員都很優秀。我深深覺得，在工作中想要得到帥董認同與賞識，除了做好本分工作外，還要那種無法用言語形容的「幸運」，我是受老天爺所眷顧的人，祂給我許多的「幸運」，才能得到帥董賢伉儷對我充分包容與疼愛。

帥董是創造舞臺讓我發揮的人，然而要在舞臺上有所展現，我必需要提到訓練我成才的董事長夫人李阿利女士，她是許多人的老師，更是我的恩師。簡言之，學校老師是教育我書本知識，而我的董事長夫人是期盼訓練我能成為職場上閃爍的一顆星。

在我心目中，夫人是一位氣質優雅、風華內斂的女性。她對上一代是感恩致敬，對下一代是溫柔提醒，對員工是照顧關懷，並教育員工以善念為中心思想，建立和諧社會。

諺語「創業艱辛，守成更難」，要保有企業輝煌延續下去，必需創新與改變。在改變過程中，一定會經歷不舒服、甚至是感到痛楚，這都是來自「壓力」關係。這樣的壓力，是蛻變成功所必須的過程，才能夠真正破繭而出，蛻變成美麗的蝴蝶。

我在中美二十四年裏，正逢帥董賢伉儷要帶領團隊走向企業輝煌延續。這段過程中，帥董走得很艱辛，他有長遠宏觀的理想計畫，卻要面臨內在因素與外在因素的阻礙。

對於經營概念，帥董曾經說：「以不傷害客戶利益為出發點，進行業務拓展，遵循老董事長所創造的商業模式為根基，將其發揮最大值。」

帥董離世，讓許多人難過與不捨，但他所留下的基業結構完整，現有董事長夫人坐鎮，及中美第四代傳人林命權先生，我深信中美企業將會更輝煌燦爛，必定能帶領中美團隊邁向百年企業。

在幸福企業上班

◎吳秀春（中美製藥經理）

如果我說，在公司上班是一件幸福的事，也許有人會不相信，但是從以下幾件事，就可知道我們公司真的很不一般，老闆待我們像家人，老闆給我的感覺像長輩、像老師、像教練。

一九九三年，我剛到公司任職不久，常有攤商前來收款。我一直覺得納悶，又沒有收到物品，怎會要收款？經向主管詢問，原來是老董事長夫婦請攤商長期送食品到線西、伸港較偏鄉的慈愛之家，為孩童們加菜補充營養。

廠商送貨員送貨到公司，卸完貨品倒車準備離開，沒有注意後方、加上速度過快，撞壞出貨物品。我寫了報告書呈報董事長，依員工價要請對方賠償，董事長看了報告書跟我說：「送貨員賺錢不容易，不用賠償，但是一定要告知他開車要小心、更要注意安全，並且要告知他的老闆，讓該位送貨員有所警惕。」

有一天，董事長找我進去他的辦公室，會議桌上有協理、管理部同事，董事長問我：「秀春，有一件事需要你幫忙，要調你到管理部，你願意嗎？遇到困難，你會害怕嗎？」我當時真的有愣住，心想老闆也太溫暖了，這樣慎重其事地詢問我的意願，當下回覆：「董事長，只要您交付的任務，我一定全力以赴，而且我不怕遇到困難，因為我知道有您，是我們每位同事最堅強的後盾。」

董事長夫人會為同事們的小孩準備過年新衣，而且每年收到的新衣服，都是孩子剛好適合的尺寸。非常感動董事長夫人的用心，待我們像家人一樣，直到現在她還會為同事準備新年衣服。

董事長夫人開過幾次大刀，但是在她的臉上沒有看過任何病容，她總是充滿活力，帶領我們往更好的方向，不只在工作上，在生活上亦然。董事長夫人告訴我們，沒有最好只有更好、不要把自己的幸福交在別人手上，要充實過好每一天，每天都要期許今天的自己比昨天更進步。

在公司，董事長夫人教我們插花、鼓勵我們學習茶道，她希望我們來公司不是只賺一份薪水，還要有美的視野及柔軟的心。藉由這樣的學習，提升同仁的文化涵養，並希望同仁在家中，也可以插一盆花、為家人泡上一杯溫熱的茶，讓家裏的氛圍更溫馨幸福。

董事長夫人總是給人希望、方向、力量，給人智慧、自信，與她在一起，會覺得自己是一位充滿正能量的人。

以上就可以知道在公司上班是多麼開心，很多同事都是一待就是到退休了，大家都非常喜愛這個大家庭。

前往下一個化城

◎謝玲蘭（慈濟志工）

「玲蘭，師丈已經記得你的名字，還可以認出來。」這是二〇二二年五月的某一天，我的靜思茶道和蕙質蘭心總指導老師——阿利師姊見到我時，開心對我說的話。

然而二〇二二年十月二十二日，師丈林本源順著自然法則，與我們在這一世永別了。

當天早晨七點左右，與靜思精舍連線的晨語是《法華經》〈五百弟子受記品第八〉，薰法香後線上共修時，接到師丈往生的消息，即匆匆下線，驅車前往臺中為本源師兄助念。期間，想著當天上人的偈文，「天上人間，植福修行」，祝福師丈。

因為在志玄文教基金會彰化終身學習教育中心承擔合心幹部，所以我們有許多溫馨的聚會，師丈大多時候都會來參加。師丈總是溫潤和雅、靜靜地等待我們開會討論到結束，才猶如騎士般護著公主（阿利老師）回城堡。

阿利老師說，開刀後的師丈變得愛說話和開玩笑，更有時間看大愛電視臺的節目。

二〇二二年一月十七日，志玄幹部們到阿利老師家聚會，聚會中場時，師丈遠遠看著我們，「教練說我可以逛一逛、繞一繞。」小心翼翼怕打擾到我們開會。但我們熱烈歡迎他加入，並一起錄製了新春賀詞影片，他才開心地離開。

這是記憶中，他最後一次公開與幹部見面。

我深深覺得，書中所述，就如上人在《法華經》〈化城喻品第七〉開示時提到，「佛之說法如虛空中風畫，說而無說故有利物之用。」儘管是虛空中的風畫，只要一顆種子落土，土地上就會長出小樹苗，樹苗、樹種、小樹、大樹，在大地上增加了風畫。這就是要我們去修人天福、人間福。

本源師兄就如上人對阿利師姊說：「他已經做到有睹（閩南語，意為有剩餘），你要更加虔誠地祝福他、感恩他。你跟了我這麼久，要有因緣觀、要懂得人生的真理及自然法則。」

本源師兄雖然暫別了我們，但他的愛如虛空中風畫，去至每一個有利物之處，也到另一個化城度化有緣人，做著利益眾生事。

一起追憶 真心感念

◎林楷雄（中美製藥經理）

在這匆忙的世界裏，我們總會遇見難以忘懷的人，而林本源董事長就是那位，讓我一生難以忘懷與感念的人。

回憶裏，董事長的眼神很獨特。每當他聆聽別人談話時，眼中的專注，帶著一分深切的尊重。他耐心地提問，讓每一個人在每次的談話中，都感受到了真誠的尊重。

有一次，我們約在咖啡廳二樓討論案子，時間已接近晚上十點。會議結束，我下樓離開時，發現夫人靜靜地待在一樓。會議中，董事長未曾提及夫人在等候，他們對事的重視、待人的謙和，無需言語即讓我留下深深印象。

他幾乎從未生過氣，不嚴厲指導部屬，也沒看過對人生氣，這在大老闆中實屬罕見。他總是以耐心和溫和的方式引導我們，保持著溫文儒雅的風範，對家、對企業皆是如此，這樣的修為，實屬不易。

一次主管共識成長營，董事長在湖畔晨曦中，分享了他最愛的一句話：「青山元不動，白雲自去來。」那時的湖光山色與他的氣度相互輝映，讓人深深敬佩他面對商業挑戰的冷靜和勇氣。

二〇二二年的畫展，揭示了他的藝術天分，讓我們感到驚豔。他的作品，用色的創意與恰如其分的筆觸，讓我感受到在企業家的背後，有著一個不受拘束奔放的藝術靈魂。

董事長曾說，他希望像宋江一樣領導一百零八條好漢，能讓各路英雄各展長才。事實上，他也像劉備一樣，善用每個部屬的優勢，吸引著我們，讓我們真心願意為企業努力。

董事長的離開，讓我們十分不捨，工作之餘，也會一起追憶董事長的種種，很難得能看到這樣讓員工真心想念的老闆。他對於部屬的真心，我們會用一生來感念。

有這樣盡孝道、愛家、有著藝術氣息的老闆，是我的榮幸，心中常想起他的風範，每次在打卡上下班時，抬起頭與他微笑問好，並在內心向他報告：「我有堅守在崗位上。」

第九章

在傳統與創新中努力開展

「人生如戲，戲如人生，盡其在我，扮演好每一個角色。」李阿利調侃著粉墨登場的心境。

二〇二三年二月二十日至二十五日，她和三個孩子於新竹豐邑喜來登飯店，用心策畫並舉辦一連三場次的中美藥局回娘家春酒聯誼會。這也是第一年沒有林本源在場的春酒宴會。

擔任中美製藥董事長的林命權，在開場時，端著第一道菜進場，親手為客戶奉上菜餚。如此特別的開場儀式，是承襲自林滄洲先生在世時，對客戶的敬重與感恩。

兒女接棒 邁向百年

二〇二二年，中美製藥由第四代姊弟檔接班，姊姊林宜琳擔任品牌總監，弟弟林命權當董事長，負責掌舵。姊弟倆相差二歲，都畢業於臺灣大學，再到美國南加州大學攻讀碩士，一個主修策略公關，一個走向生化領域。林命權回臺後，又到陽明大學取得生化博士學位。

林本源和李阿利對於三個孩子的教育，一向採取自由開放且尊重的模式，不設定孩子非得和他們一樣繼承家業。然而不捨父親的承擔，二〇一〇年林宜琳辭掉中國大陸北京奧美的工作，投入家族事業。

曾經手上百萬人民幣公關活動的她，帶著外商規格的簡報，和地方盤商溝通中美產品與廣告事宜，卻被認為不夠接地氣，林本源鼓勵她，「所有的經歷都是學習，別氣餒，我會陪你一起練兵。」

她親自為中美製藥的品牌拍廣告、錄製 podcast 推廣健康知識，也帶領團隊跟消費者近距離訪談，理解市場真正的需求與想法。看見年輕人的創新與希望，三年後，林本源發動溫情攻勢，徵召林命權回臺接班。

當時，在國際生化儀器公司工作的林命權，才剛拿到全球最佳新人獎。和父親同樣身為長子的他，也有著相同的成長背景——住家和工廠是同一道大門，許多員工在他還沒出生時，就在廠區工作。

「中美製藥對我而言，除了是一個公司，一個家族傳承的企業，也是我的家，一個住了三十年的家，是我成長的地方。」林命權知道自己一旦回來就走不了了，但他還是決定「回家」，因為那是他最希望和期待守護的地方。

「這種承擔是很劇烈的改變。」返臺五年後，林宜琳遭逢人生與事業的低潮，母親鼓勵她投入慈濟國際賑災。

二〇一五年尼泊爾大地震後，她三度進駐災區，前後停留約一百天。

二〇一六年十月，為了援助海地風災、厄瓜多強震及美國路易斯安那州水患，她和大愛電視臺黃添明在紐約林肯中心主持「千手牽手．行願五十」音樂會。八十六歲的林施淑美為了給孫女加油打氣，還特地搭了十四個小時的飛機到美國，當場捐出一萬美元，帶動善效應。十一月，她受證成為慈濟委員。

花了將近兩年時間，她將自己歸零，重新思考生命的意義、人生的價值與方向，才再度回歸家族事業，並利用上班有限的時間參與墨西哥、緬甸、斯里蘭卡等地賑災。

林命權也曾經有心態上的落差，幸而姊姊林宜琳與他一起並肩作戰。轉眼，他們扛下傳承重擔已逾十年，父執輩給他們的任務是把中美製藥帶向百年、永續經營，因此他們嘗試了許多新布局，就是希望將中美製藥這塊招牌再次擦亮。

林本源生前即表示，「我不勉強孩子接手家業，第一要有興趣，接著需具備足夠的能力，否則我便會尋求適當專業經理人。孩子們陸續回來，且表現得體，如今後繼有人，已可逐漸放手，但我非常享受跟孩子們共事，從孩子身上看到更多新的學習、新的希望。」

雖然經營的是藥廠，但父子倆曾異口同聲地說：「盡量少吃藥。」中美製藥目前積極投入在非處方用藥的開發及營養保健輔助品上，「我們的使命是共創健康幸福的每一天。」

一九六六年，中美製藥創立會員制銷售體系，並首次舉辦會員藥局老闆「回娘家」春宴，藉此與會員藥局建立深厚情誼。活動開場，由經營者親自為冠軍店家奉上第一道菜，是五十七年來不變的傳統。

二〇二三年中美藥局回娘家聯誼會中，所有上場表演的人員，從主持到歌舞唱跳，無一不是中美製藥的一員。一場宴會，動員超過六十名員工，大家合心協力、全力配合。

先前的節目籌畫及排練，可見員工與主管之間的合作與信任。舞臺上活潑的演出，展現了林本源生前的管理風格，融合了童軍的「唱歌、跳舞、玩遊戲」，團隊將節目呈現得生動又有趣，毫無冷場。

對於客戶的款待，更是別出心裁，還有專為客戶設計的獎牌、獎座，處處可以看出中美製藥對客戶的尊重與用心。頒獎過程中，也再次印證了林本源落實於企業的童軍精神，帶領著店家、藥局，朝著「小隊、榮譽、徽章」的童軍制度前進。

一位老客戶分享，「從老老闆的時代到本源到命權，我從不覺得這是商場關係，而是感受到一分濃濃的情誼！」

每一位來參加聯誼會的客戶，就像是一個個好久不見的老朋友。每一個不捨的眼神、每一個深情的擁抱，對李阿利來說，都是鼓勵與感謝。她強忍著眼淚，安慰著前來與會的嘉賓。

「只要有心，盡力去扮演好每一個角色，就能排除萬難。」李阿利體悟到，人生就是不斷地學習、不斷地付出、不斷地感恩，還有不斷地祝福。「你想成為什麼樣的人，一定可以成為什麼樣的人。」

人生還有更重要的事

「我這輩子擁有太多的福氣，有給予我生命的母親——我最親愛的媽媽；也有教導我領會生活哲學的母親——我最敬愛的婆婆，還有最重要的是啟發我慧命的導師——我最尊敬的證嚴上人。」

過去，李阿利總是一天當三天用，在菩薩道上耕耘超過三十年的現在，深切體悟到「健康」的重要。「如果說，有遺憾的話，應該就是我沒有把自己的身體照顧好。」

她記得十年前，彰化《水懺》演繹那一年，上人行腳來到彰化。有一位志工身體微恙，請求祝福。

上人就對她說：「你要跟阿利學習，阿利很勇敢。」

李阿利聽到上人這麼說，立刻跪下來表示：「上人，我不勇敢，我是因為相信上人、相信佛法。」

上人微笑看著她，輕輕回應：「利啊！你相信的是自己的心。」

「我第一次開刀是二〇〇〇年四月，第二次是二〇一〇年；第三次、第四次……問我如何走過來？無常就是這麼如常，很多人問我，怎麼會這樣？」李阿利娓娓道來，「是啊！怎麼會這樣？一九九九年十二月才做完健檢，當時沒事，為什麼到了二〇〇〇年三月就有事？而且是這麼大的事！」

李阿利懇切地說，因為「無常」，所以必須要臣服、必須要接受。「生病對我來說，其實是一個善的循環。宗教信仰是人生的宗旨、生活的教育，只要是正信的宗教，都能夠使人成為一個更好的人。」

回首三十多年的慈濟路，因為上人一句：「你是住在中部的人，要回去結中部緣。」讓她在彰化深耕，並結下無數無量的善因緣。

「我想應該就是『信、願、行』，因為我不想當一個躺在病床上，讓人家照顧、擔心的病人。」走過四次「病關」的李阿利，想起有一年回靜思精舍參加營隊，她向上人發願，這一生要健健康康做慈濟、做到最後一口氣。上人低頭看著她，輕輕地回應：「我和你一樣。」

二〇二三年二月六日，靠近敘利亞邊境的土耳其東南部發生強烈地震，造成兩萬多人死亡，多人受傷，為援助土耳其及敘利亞受災民眾，彰化慈濟人於三月十二日在彰化藝術館及員林公園，同時舉辦大型義賣活動。

李阿利捐出中美製藥的產品，並帶動員工以回收來的器皿，親手製作植栽義賣。不僅員工熱心投入，連員工的家人也紛紛響應。

長期致力茶文化的推廣，讓靜思茶道備受海內外肯定，五月十六日，李阿利親自赴中國大陸漳州閩南師範大學文學院，領受榮譽教授證書。

接連不斷的課程講座、茶會分享，她以慣有的優雅，盤點出自我生命價值。沒有埋首哀傷，也沒有以淚洗面。因為，她還有更重要的事要做。

「在我歷經生命最大考驗時，是上人的法，支撐著我。每當思念本源時，我總會想起上人的慈示：『本源這輩子已經做到有賰（閩南語，意為有剩餘），要更虔誠地祝福他、感恩他……』心念一轉，我的心也就跟著輕安自在。」

思念，一旦靜止就是一種耽溺；當它開始流動，就成了一股向前的力量。天天的思念是如影隨形呀！走在追憶林本源的道路上，李阿利的笑顏一如往昔，唯有她明白，這段回憶很美。

八月二十七日，彰化靜思堂舉辦了一場以「紅塵善哉」為題的榮董實業家感恩茶會。李阿利分享：「在滾滾紅塵中，儘管五味雜陳、充滿酸甜苦辣，但只要能夠懂得行善、行孝，實業家們就能發揮更大的影響力，讓這個世界更美好。」

「我多年友好的國、高中同學，得知我的近況，相約前來關懷。當她們看到的是一個如此充滿正能量的我時，驚呼究竟是什麼力量讓我如此平靜！我想應該是凝聚善的力量，單純一念為所有苦難者付出的心吧！」

生命就像花一樣，每一朵花的花期都不同。相同的是，它們都曾經盛開、芳香、為各自的嬌豔存在努力著……李阿利表示，「就像櫻花，當花期來了，一鼓作氣地盛開。凋落時，滿樹的櫻花也同時謝去，散落一地的美麗之後，化作春泥更護花。」

「櫻花雨，一片一片，落在你我的心裏，時間一點一點的過去，我們的愛不會變……」李阿利祈願這一生的價值，先利人再利己，從家裏開展到各處需要她的地方，如同她最愛的〈櫻花雨〉這首歌，永遠可以給需要的人，在最絕望的時候，一股希望與振奮的力量。而這股力量是輕柔、是馨香、是沁入每個人心田最深處的芬芳。

一生懸命

◎王國斌（臺北市士林區慈航藥局藥師）

在日本，「一生懸命」是指在自己所屬的地方，堅持專注，把事情做到極致，用生命守護自己所看重的東西。在帥董（原是員工與林本源互動的玩笑用詞，漸成為暱稱）的人生中，完美地詮釋了「一生懸命」。

最早，並不認識帥董，認識的是帥董所經營的中美兄弟製藥，不論是顧客端或是同業間，大家都知道中美藥廠出產的產品回客率高，在業界擁有極高的口碑。後續，與公司合作後，才知道所謂的好口碑、高知名度，是來自公司的堅持「良藥濟世」及「製藥就是道德」，這不是一句口號，這是董事長掌舵下的中美藥廠，航向業界肯定的羅盤。

我們藥局與中美藥廠合作初期，門市同仁就已經知道公司的口碑，但拿到產品，大家才真正看到公司的用心，從頭髮到腳底，身體從內到外，不論中藥或西藥，只要身體會出現的問題，全都是公司呵護的範圍。外包裝的設計，能讓客戶第一眼就看見成分上的堅持，更是拉高客人黏著度的關鍵。

公司的市場行銷人員，也會依照每個季節身體容易出現的症狀，超前部署。無論是空中吊牌或行銷小物，讓客人在入店開口詢問之前，就清楚知道公司的產品，一切的一切，足見領導者的用心與智慧。

帥董的堅持，很早就為中美藥廠打造了一個偉大的格局。臺灣的藥局市場，近年來有兩大問題——二代接班人的問題及連鎖藥局的影響。

帥董為此舉辦了專屬於中美藥廠的會員藥局「圓桌武士」，這是臺灣業界第一個為了單點藥局所開發的課程。每年一次兩天一夜的課程，教導藥局二代銷售、市場、人際關係、正能量……幾乎是將帥董及帥董家族的所學傾囊相授。藥局的二代圓桌武士成員，在帥董的教導下，對於未來的接班、面對連鎖藥局的影響，也更有底氣了。

跟帥董某次的聊天，聊到他喜歡旅遊與繪畫。關於旅遊，當下是深表認同，去玩，誰不喜歡，但對於繪畫，那就是需要時間、興趣與天賦了。事隔不到兩年，突然接到公司的邀請，帥董開了畫展。

接到通知，馬上就從臺北開車下臺中，進門口就看到「青山元不動，白雲自去來」的帥董畫展，才知道，他說的是真的，而且是真「一輩子」的事。國外的富士山、不知名的夕陽、落日黃沙、臺灣中美藥廠、亞洲大學……都是帥董筆下的丹青作品。因肩負著藥廠經營的使命，帥董只能在空閒時拼湊零碎時間作畫，但僅僅如此，展出已是令人驚豔，若說帥董是被臺灣製藥業耽誤的藝術家，應也不為過。

對於公益的投入，帥董的表現其實是格外的低調，大多數人的公益賑災捐款，總會大張旗鼓地宣傳。帥董的夫人李阿利，我都稱她為阿利姊，帥董的女兒 Pinky，帥董的一家人，無論是早期的九二一賑災、慈濟緬甸賑災、新冠疫情期間救難品捐助……或許透過帥董及阿利姊參與的慈濟，和女兒 Pinky 共同參與的童軍團，也或許是民間單位自發的公益活動，「事後」經常性可以看到帥董家族的參與，但帥董也從不拿此炫耀邀功，應該吧，這就是帥董跟家人的日常，沒什麼好說的。

很勉強地自詡認識帥董及阿利姊，剛出社會的我，那時就知道「已成名」的中美藥廠，之後也知道他們為「藥局二代」創立的圓桌武士初衷，後續了解帥董極高的美術天分。但一直不知道的是，在什麼樣的時空背景，可以培育出藥界的巨擘，可以養成帥董和阿利姊一家人對善的堅持。

感謝帥董和阿利姊不吝分享，將中美家族長久以來相關故事整理成書，讓我們能對於來不及參與的過去，略知一二。最後，感謝帥董與其家人對藥業的付出，有你們真好，謝謝。

回娘家

◎呂品儀（新北市板橋區欣民藥局藥師）

一個人的成功不是他賺了多少錢，而是他贏得多少人的尊重！中美製藥贏得我個人的尊重！

第一次參加中美客戶回娘家，讓我深深地感受到中美製藥的誠懇、用心、有禮貌，每一位員工都笑容燦爛、和藹可親。其中，有一位打扮典雅、氣質出眾、舉手投足間充滿靈氣的仙女，引起我的注意，沒禮貌地盯著人家看。當四目交接有點尷尬時，這位氣質美女卻回報我一個禮貌的笑容，這就是我第一次認識的阿利師姊！

第二次參加中美客戶回娘家，讓我驚訝的是，他們竟然能夠正確地稱呼店家寶號與人名，讓我見證到企業的用心。

第三次參加中美客戶回娘家，我發現這是一個以孝傳家的公司，百善孝為先、身教重於言教，孝順、溫文儒雅、尊師重道，林家每一位成員身上都有這種特質，更特別的是這種特質連員工都有，讓參與的每一位客戶，沒有隔閡感只有親切感，真正的是客戶回娘家，一個真正的家！

之後，有一次同遊日本，有幸跟老董事長與董娘同坐一桌，剛坐定沒多久，我基於欣賞與好奇，隨手拿起桌上的筷架觀賞，沒想到用餐完畢，老董事長就私下將一對筷架送給我。坦白講，當時我很驚訝，驚訝的不是拿到筷架，而是貴為董事長竟然如此細心、如此觀察入微、如此會做人。

我告訴自己要學習他們做人與做事，要將他們當作學習目標，從此開啟我與中美深深的緣。

曾經有幸受邀為中美的諮議委員，與業界精英一起討論、分享，也曾經受聘為中美二代精英上課，感動一個企業為何願意如此花心思，以創造善的循環培育精英二代。

更令人感動的是，有次參加中美回娘家，聽聞林施淑美董娘以高齡八十二歲，在各國中、小以「提升品格、自律負責」為主軸，宣揚倫理與孝道，引起我的好奇。品格教育這麼沈悶的教條，這位彰化阿嬤如何在校園宣導？

所以，我拜託彰化阿嬤有課的時候通知我，讓我去觀摩學習，阿嬤很豪爽地答應了。很巧合的是，當阿嬤把活動時間告訴我，湊巧是先生生日，我們已經排好假期。於是取得先生同意，放棄旅遊，南下彰化，跟著阿嬤上課觀摩學習，也因此大開眼界。

原來這麼沈悶的話題，可以用生活化的敘述，讓孩子透過故事，了解父母的偉大、親人的重要、角色互換、同理心等，將品格教育、孝親、倫理深植孩子的心中。當場甚至有孩子聽完故事後，痛哭流涕，真是一場震撼教育！同時也讓我對彰化阿嬤佩服得五體投地。

回北部之後，就將此行所學，應用在我平常上國中、小的反菸戒檳毒課程中，自然而然地提升品格教育，為社會盡一點綿薄之力。

二〇二二年十月二十二日，得知林本源董事長睡夢中離世的消息，第一時間真的相當錯愕、驚訝、不捨。直到二〇二三年一月，因疫情而停辦的中美客戶回娘家活動，終於如期舉行，在阿利師姊的帶領下，宜琳、命權、偉權、全體員工同心協力將活動辦得有聲有色，一顆懸著的心終於放下。

佩服阿利師姊的堅強，感謝證嚴上人的開示，還有慈濟作為她強而有力的後盾，知福、惜福、再造福，口說好話、心想好意、身行好事，有心就有福、有願就有力，心中有愛，才會人見人愛，讓中美與世界一同創造善的循環！

他們教會我的事

◎林春萍（中美製藥協理）

與本源董事長夫婦結緣自一九八八年六月，到中美公司面試。初次見面，就被他們親切的笑容、關懷的言語，所深深吸引。

進入中美大家庭後，從他們身上，我學到了許多為人處世的智慧——用心就是專業、遠見與無私的心、機會是給準備好的人、堅持就是贏家、沒有最好只有更好、要栽培自己的軟實力等。也從他們夫妻的相處之道，體會幸福不是天經地義，而是要用心經營。

當我接到公司導入ＥＲＰ（企業資源規畫）管理系統，協助規畫便通樂擴大銷售至全國各大醫院通路、執行產銷分離等目標。面對沒接觸過且缺少專業知識的業務，不免懷疑自己的能力，但董事長夫婦鼓勵我——用心就是專業，有願就有力，只要願意沒什麼做不到的事，並一再提點、激發我，思考要更廣更深、步步為營。經過多次的討論，及用心地規畫和執行，我們都達成目標了。

本源董事長教我要有遠見及無私的心。一九九二年，他認為公司電腦化對於營運會有很大助益，因此向老董事長提出建議，但沒有獲得採納。過不久，老董事長準備送他一部凱迪拉克車子，犒賞他在工作中努力付出，創造了亮麗的業績。此時，他對老董事長說：「請同意讓他將這筆買車的獎勵金，轉為公司電腦化的預算。」

就這樣，公司引進了一套新的營運利器，簡化人工作業、提升管理績效。

本源董事長教我——機會是給準備好的人。人要如海棉般遇水即吸，不放棄任何可以學習的機會、充實自我，一有機會即能上舞臺，扮演好當下的角色。

感謝董事長給我舞臺，讓我有機會在公司從事財務、生管、資訊、營業、祕書、採購、進出口業務等不同屬性的工作，豐富我的人生閱歷。

本源董事長教我——堅持就是贏家。公司要接第一筆代工前，多次向老董事長報告，過程中他不只一次告訴我，堅持就是贏家，經過了一年多的努力，終取得老董事長的同意與祝福，也順利接到了代工的訂單。

阿利師姊教我——沒有最好，只有更好。做事要充滿熱忱，要有團隊合作的精神，臉要笑、腰要軟、嘴要甜，同理他人的心，互為貴人，隨時為自己、為別人加分，讓自己及周遭的人更好。

常常同事有活動提案，她總是以團隊領導帶領我們，為負責企畫的同事送禮物，勉勵我們「沒有最好，只有更好」，鼓勵與會者提出建議及創意，為活動加分。每每經過她的引導，團隊總能提出更好的 idea，來促使活動辦得更好，讓每個參與活動者都心有所得，帶著愉悅心賦歸。

阿利師姊教我——要栽培自己。她在公司負責人力資源管理，常常提醒我們要不忘疼惜自己、厚實自己的軟實力，為自己的愛心存摺持續存款。只要有適當的專業課程，她常外派同事去上課，充實大家的專業知識與能力，同時也鼓勵我們到志玄文教基金會彰化終身學習教育中心上課，不論是報名插花、茶道、古箏、瑜珈、拼布、日語等課程，只要有興趣學習，費用皆由公司負擔。

不僅如此，也希望我們能多閱讀書籍，並在公司推行讀書會及閱讀比賽。她同時提供多面向的學習，期盼我們都能遇見更好的自己，並成為別人生命中的貴人。

我何其有幸生命中遇到這樣知我、栽培我、信任我的 Boss，讓我不禁要說：「認識您們真好，您們是我生命中的貴人。」

辦公桌上的那碗熱麵

◎陳瑩潔（中美製藥退休員工）

一九七九年六月，我是剛從高職畢業、踏入社會的新鮮人，是一張白紙進入中美公司，在林滄洲老董事長點點滴滴、親力親為、細心指導下，學習著營業部的事務，及如何接聽客戶的來電訂貨。

每天下班前，必需向老董事長報告訂單的出貨額及品項等業務，因而感受到他創業不屈不饒、努力不懈、忘寢廢食及疼惜員工的一片愛心。

老董事長想到，員工早上匆匆忙忙來上班，一定沒吃早餐，所以十點會準備菜包、饅頭等，下午三點會準備綠豆湯等，給員工補充體力。

他也指導我們做人要誠懇，做事要誠信，勤儉才有底。有次客戶店裏火災，藥品燒光光，沒錢繳票款，打電話來要求撤票。當時，票已轉到銀行，就交代我匯比票面金額多好幾倍的錢到客戶戶頭，避免遭退票及讓客戶可急用，諸如此類的心，與客戶建立了深厚情誼。

而林施淑美老董事長夫人，教導我記帳的細節，早期都是手工帳，她說橫的、直的一定要平衡，更教導我們學做事之前，要學會做人。她是一位和藹可親、平易近人的慈善家，舉凡沿海地區與八卦禪寺的冬令救濟、照顧弱勢族群或團體等善舉，都有她的足跡。

自二〇一三年起到二〇一八年間，我陪著她到全彰化走透透，還有北到桃園、南到高雄，進校園宣導「重建倫理、淨化人心」活動，孩子們受益約計有六萬人，被她（彰化阿嬤）愛的抱抱更是不計其數。

與老董事長夫人，因工作與活動的接觸頻繁，很感恩她視我為自家人，公事、家事都很有話聊，也常常關心辦公室的員工們，超過吃飯時間有沒有吃飯呀！每每親自下廚煮了豐盛的菜餚請員工。

更感動的是，有次因結帳較忙，老董事長夫人親自下廚煮麵線與荷苞蛋、青菜，請人端到辦公室給我。那時她已是七十幾歲的人了，當下心中的感動，無法言喻，唯有以工作效率與效能來報答。

與林本源董事長共事四十幾年，他總是文質彬彬、溫和善良，散發出溫、良、恭、儉、讓。老董事長夫人，早期外出拜訪機關洽談業務，有時候晚回來，當大哥的他，都會幫弟弟、妹妹蓋被子，有餅乾也都先給弟弟、妹妹，從小就很乖巧、很聽話、很有責任，這是老董事長夫人親自口述。

林本源董事長曾告訴我，爸爸交給他的事業，他要讓公司永續經營，並要有更好的福利照顧同仁，媽媽管理財務，要給弟弟、妹妹多少，他都沒意見，如此大度，讓我尊敬在心裏。

我先生也是公司的一員，走到人生最後階段時，林本源董事長自己身體也微恙，卻與阿利夫人不斷地關心協助，私下默默不計成本地付出，甚至來誦經的法師，也都是阿利夫人親自幫忙招呼，同時也帶領同事前來助念，這分恩情難以回報啊！

擁有優雅氣質的阿利夫人，是從內心散發出的真善美與愛，她總是陪伴著、帶著我們成長，從早期安排老師來公司授課，有插花、日語等，彰化靜思堂成立後，鼓勵並出資讓同仁們學習，有好玩、好吃的料理，也會帶著同仁同享，更常常以證嚴上人的開示，隨機感化、感動我們。

阿利夫人忙進忙出，忙得不亦樂乎，不為己身求安樂、利濟眾生共善福。在我的心靈受創時，總是安慰、鼓勵我，只要聽到她的聲音，馬上振奮起來。她也常常鼓勵我們，在有限的生命裹，做個手心向下的人。

她的身教、言教，對上以敬，對下以慈，對人以和，對事以真，感動了無數的有情眾生，她是我們學習的榜樣，是我們的心靈導師，更是我們的大恩人。

金玉良言

◎陳惠英（中美製藥副理）

「遇到事情不能說不懂不會，不懂不會要去問去學，學到就是你自己的。」在中美工作二十八年了，我常憶起老董事長對我們說的這一句話，每每在工作或生活上卡關時，這句話是讓我繼續往前的原動力之一。

而老董事長夫人總是教導我們，以「先學會做人，再學會做事」，作為工作的準則之一，會做人，做起事來必定可事半功倍。

「機會是留給準備好的人！」這是我最敬愛的帥董，勉勵及留給我最好的禮物之一。「當你準備好了，機會來時一定是你的。」記憶中的帥董，對於父母的孝順及順從，都是我們晚輩最最值得學習的，他對待員工就像是家人般的疼惜。

「合力、擔當、有創新」，是董事長夫人阿利師姊給同仁們最棒的一句話，她希望大家在工作上能充滿熱忱、努力不懈、團隊合作、使命必達。她不只是鼓勵，更是以身作則，讓我們需趕緊加油，才能跟上她。

回首在中美的日子，共知共識共行的點點滴滴，都將是最真最美最好的回憶。

【附錄】

潤澤與溫馨

◎閩南師範大學文學院茶文化課程主任 羅文玲

「真正重要的東西，是肉眼看不到的。」

「眼睛是盲目的，要用心去找尋。」

——摘自《小王子》

愛茶的人，不管身在何處，只要有茶，就會隨時將茶香分享給周遭的人，傳遞著潤澤與溫馨。阿利老師是這樣的愛茶人。

之一 武夷占盡人間美

二〇一四年春天，武夷學院鍾仁彬院長帶我們去九曲溪漂流。竹筏上有阿利老師、蕭蕭老師、Pinky 和我，我們一起坐在竹筏上的竹椅，順著九曲溪而下，沿途風景一覽無遺，山光水色盡收眼底。

戴著斗笠為我們撐筏的船大，一路為我們講解身邊的景點，和有關這些景點的詩文故事。大王峰、玉女峰、幔亭峰、人遊峰、白雲洞……武夷山的每一座峰嶺，儼然都有美麗的傳說。

水上漂流，感覺如一片片茶葉浮於水面，漂流中時而水流湍急，時而水平如鏡，悠然自得，如同一杯茶給出了溫馨。

遠離城市喧囂，整個身心融入大自然，洗去一身疲憊，流水也可以帶走人世紛擾，正是茶人飲茶的澄靜境界。愛茶的阿利老師，特別喜歡武夷山，她開心地對著詩人蕭蕭說：「老師，下次可以再帶我們來武夷山喝茶嗎？」

蕭蕭老師以一貫的微笑說：「你們誰可以背誦出竹筏渡口，鐫刻在大石頭上的詩句，我就再帶你們來武夷山。」

慧黠的阿利老師立刻隨口回答：「武夷占盡人間美，願乘長風我再來。」

願乘長風我再來，因為這樣的因緣，我們後來多次來到武夷山。當時天心永樂禪寺正在重建整修，寺院正在募集屋瓦，虔誠的阿利老師立刻認捐一大批瓦片護持佛寺重建，並虔誠地在屋瓦上寫著「祈求天下無災無難」，菩薩心腸的阿利老師，總是及時布施，及時行善，在佛寺前虔誠布施屋瓦，護持佛寺建設，不分海峽，不分語言與地區啊。

二〇一八年，我們再來武夷登白雲岩，到白雲禪寺唯一方法，就是一步一步踩著石階走上去！阿利老師，即使汗水直流、氣喘吁吁，依然是優雅的，登上一千多階，走進白雲禪寺，質樸簡約，經歷歲月風霜的外牆，破舊的屋瓦，陽光下輝映出純淨的風貌，白雲禪寺的古樸顯現在齋飯時所用的瓷碗，木盆裏上百個碗，幾乎無法找出完整的碗啊！

阿利老師端著缺角的碗，對著我說：「每一個碗都看得見歲月的斑駁、時間的刻痕。缺角殘破的是碗，但是這一頓齋飯，卻是美味的天廚妙味啊！」這些話源自內心深處無限大圓鏡般圓滿清靜的佛智慧啊！接著走進佛像前，阿利老師隨手又捐款護持佛寺重建。

登上白雲禪寺，學生張常念手製白茶、蕭翔手作老欉水仙，早經沖泡好等著我們喝茶解渴。心地慈悲的阿利老師，喝著常念與蕭翔的茶，溫和說著：「這些武夷山裏的孩子，還這麼用心幫我們準備茶。」老師特別訂了山裏孩子們種的茶，扛回臺灣，老師的慈愛是自然地流露。

著力推動茶道教育，在福建漳州培育中小學老師的閩南師範大學，在阿利老師協助下擘畫了「海峽兩岸茶文化課堂」，推動優雅的茶文化，從二〇一七年迄今已經有六年，一千兩百位文學院的學生習茶，薰陶於溫柔敦厚的茶文化教育裏。

阿利老師幾次親往授課，講授「茶人威儀」、「茶道的內涵」等課程，她自然散發的優雅氣質，讓師生如甘露潤澤。感念她為茶文化的付出與帶領，閩南師大在文學院上千位師生見證下，特頒「榮譽教授」給阿利老師，彰顯她對茶與優雅教育的貢獻。

不管在哪裏，阿利老師都是無所求付出，用溫柔而強大的力量照顧周圍當下的人，真正實踐著證嚴上人說的：「因緣、因緣，就是自己『種好因』，和眾生『結好緣』。」

種在心田深處的情思，可以思入風雲變化中，可以繫在春天的枝頭上，更可以鑲在白雲邊，月白風清的夜裏，隨著茶香四溢，溫潤著你我的生命。

之二 青山原不動，白雲任去來

二〇二二年端午節到阿利老師家喝茶，老師分享四十幅師丈林本源的油畫及水彩畫作，隨著老師的解說，進入師丈的繪畫空間，每一幅作品都有自己的一方天地。

油畫中的日月潭、陽朔灕江的山水，我儼然隨著畫作感受潭水、江水與山風共清，沐浴在涼爽山風中，那陽光下的感覺，那仲夏樹蔭的情景，或者那湛藍純淨日本富士山點點夜光，隱約感受到師丈胸懷宇宙與喜愛山水的心靈，躍躍然在顏料中彈跳。

聆聽著畫中的境界，同時感受盎然的生命傳奇。

其中有一幅〈海邊雲天〉的畫作，彷彿說著詩佛王維「行到水窮處，坐看雲起時」的心境。雲，淡淡起，雲，洶湧詭異，水窮處，可以坐看那生命的變化是怎樣發生的，看雲，順應自然不強求環境和他人，不因外境的變化而動搖心性。通過畫境，呈現隨意而行，自由自在的淡逸天性，超然物外的風采，最是令人嚮往。

賞畫過程，阿利老師端來武夷山的「碧石流泉」，流動的是水和幾片萎凋的葉，杯燙茶溫，碰撞出人心與草木的溫度，傳承了心靈與共的美好。感受到暖流在手心竄動，杯盞傳遞人我間。

水潤了茶，茶香了水，心靈的茶盞，從來不曾預約，來了就泡，或好或壞，生命的本質無須雕琢太多。茶亦如師丈的畫，流淌裏無由驚怖，沖泡時不增不減，來往中隨遇而安。想像師丈靜心作畫的時光，除去紛擾，回歸淡然，在一盞阿利老師用心烹煮的茶滋潤之後，那顆淡定的心，在畫作中留下幾絲白，也在內心留下清淨。

放下塵世的干擾，潛心作畫是另一種拿起，那分心，溫了杯，也潤了心。從企業家轉身作畫，在畫筆中展現生機，讓觀者悟得大地萬物都有自身的語言，以不同方式表現各自的生命力。

有幾張畫是寫生住家附近的三月粉色藍花楹，乘著春天花開時帶著孫子、孫女到公園草地野餐，欣賞花，欣賞風，欣賞陽光灑落林間、樹梢，欣賞孩童的笑，與兒孫在一起就是最美的時光。

身為長子，往上孝順父母，陪伴照顧父母至終老，往下慈愛子女，看著他們歡笑膝前，師丈的畫作，呈現出這種屬於自己的人文書卷氣。畫軸上沒有任何文字，卻包羅萬象，或許田園山水，能教人淡泊自抑、寧靜致遠，或許師丈在田園野趣中找到人生的真諦，在樸素中抒發種種情懷，醞釀著難以述說的寧靜和解脫！

喝著阿利老師的茶，感受到老師與師丈在經歷生命倏忽變化過程中，依舊能從生命深處散發出別樣的清淡，讓世間在千迴百轉之後，依然展現慈悲的力量。彷彿世味濃淡任他去，不偷閒而閒自來，作畫的師丈，內心的世界呈現著曠達，四十幅畫串聯成的精采人生，感受到人生道路上的豁達和睿智。

師丈林本源的畫作，可以感受到他無私的奉獻之心，內在強大的生命活力，彷彿打破了時間的限制，劃開了空間的隔閡，可以隨時在茶香流動感知老師傳遞的深情。

阿利老師深信，有魅力、有內涵的文化，自會流傳下去。真正的美、純淨的繪畫世界，可以融為一體，可以聽到內心深處的真實聲音，那是不動的青山，白雲去來增添了多少美的元素。

之三 願乘長風我再來

每個人心中，都期待以愛傾聽，被尊重理解，在自信和幸福中慢慢成長。

二〇二三年暑假，帶著喜悅心與繪本《基輔的月亮》，陪伴三歲的小啾比（Pinky 的長公子）一起探索地球儀上的烏克蘭基輔、義大利羅馬以及臺灣臺中，在地球上的相對位置。這一次本來是帶著三歲的小啾比讀繪本、讀月亮有關的古詩，國學的學習應是主軸。

在講繪本中，小啾比很開心地說：「老師、柔柔姊姊，我們來喝茶吧！」這表情與說話模樣，有家族的傳承，我看見在阿利老師薰陶下，優質教養的小孩，不到三歲的孩子，可以定靜認真、有模有樣地為我們泡茶。小啾比專注地端好茶缽，讓茶杯與茶具輕輕安放最美好的位置，在小桌子擺設出專屬茶人的小天地，這方小天地有茶壺，還拿出杯托放上小小的杯盞，奉茶給我們。

Pinky說，小啾比有去彰化隨阿利老師上「親子茶道」，我真的見證三歲的孩子學習茶道，完全定靜下來，還落落大方準備茶點心給我們吃。

我也看見一歲的小Q比（宇皓），溫文儒雅的氣質，溫和的笑容與沈穩的模樣，坐在另一側，彷彿阿利老師泡茶時師丈的微笑。

茶是連結人與人之間最好的方式，茶，無時無處不在啊！愛，也是。一杯溫暖的茶湯，透過孩子的純真無邪，展現出純淨的魅力，那是阿利老師傳家的好家教！

一切的美來自至純至善，老師的茶香、或是外孫小啾比都是如此，與阿利老師相處，感受到一縷縷茶香，翩翩而升，生命的美與善。

【附錄】

萬年一眼

◎陳雯琬（中美製藥教育訓練講師）

微風輕拂，往事如風，彷彿還是昨日的事情，我與林家人相識已超過二十六年，斗膽想從貼身觀察的角度，書寫本書以外，一般人難以窺見的私人生活，試圖勾勒出阿利師姊夫妻的人間菩薩樣貌。

記得十八歲甫進入中國醫藥大學藥學系，第一年隨著慈青社團到花蓮參加尋根之旅，在靜思堂屋簷下等待集合的小徑旁，遇見了傳說中的慈濟李家六姊妹，像敦煌仙女般飛天而出，蓮步慢移走出靜思精舍。

當時注意到了阿利師姊，莊嚴高雅的氣質，一顰一笑瞬間，深深吸引我的目光，內心暗暗讚歎欣羨，期許自己今生今世能夠成為如此優雅的女性。雖然只有匆匆幾秒的錯身而過，卻是一場靈魂的吸引碰撞，這萬年一眼，從此難忘，就像〈傳奇〉這首歌的歌詞所寫：「只是因為在人群中多看了你一眼，再也沒能忘掉你的容顏」，這是我們彼此結緣的開端，正應驗人世間每一場相遇，都是亙古千年的重逢。

十年後，因緣際會老董娘選擇外子謝明智執刀，次年阿利師姊受林俊龍執行長夫人所託，來到大林慈濟醫院宿舍，教授醫院員眷茶道文化，我們得以正式認識。

驚訝自己和多年前驚鴻一瞥的女神重逢，當時才將大學一年級在花蓮見過阿利師姊的故事，將放在心裏多年的懸念，第一次告訴先生，不得不讚歎人生緣分的奇妙，慈濟世界串起的美好善緣。

世代傳承

每年公司的宴會，本源師兄總是帶領全體員工，慎重地為大家上第一道菜，有時候會自己獨唱，有時和阿利師姊合唱，甚至於自己的子女跟員工，都會賣力下場跳舞表演，就是為了拿出最真摯的心情，全力感謝會員店一整年的支持跟愛護，這也是每年我們最期待的重頭戲。

某年我和日本廠商社長同桌，日方社長看到本源師兄夫妻登臺，驚訝說：「我從沒有看過，全臺灣有哪一個當老闆，是這樣親民隨和自在，如此地不計身段。」

每次全省會員店的大型教育訓練，小至員工的內部上課，本源師兄和阿利師姊總是親力親為，坐在後面認真地寫筆記，跟大家一起上課。如果是我的課，他們兩人總是坐在第一個位子。我講的笑話，本源師兄總是第一個笑得最大聲的；對於我授課的內容，從來沒有過問或檢查投影片，給予我最大的信任。

本源師兄總是問我：「雯琬，你的觀察，我們的會員店還需要什麼？

我們還能為會員店做些什麼？還可以再開什麼樣的課程，幫助他們提升業績？」念茲在茲，都是想著會員店的成長。

大孝尊親

在我所認識的人當中，本源師兄夫妻堪稱「以孝傳家」的最佳典範。身為長子的本源師兄，主動承擔了和父母同住四十年的責任。老董事長夫妻皆是接受傳統日本教育的人，言語中較為威嚴剛強，我從來沒有聽過一句本源師兄對兄弟的抱怨，或者和父母親爭執。

第一次到公司講課，阿利師姊正在和我敘舊，突然電梯門一開，老董事長走出來，阿利師姊馬上頓頓身子，往走道邊一退，彎腰低頭恭敬地喊了一聲：「爸爸，早安！」

這讓我深感震撼，因為印象中阿利師姊是知名養樂多二代，臺北富商之女，對待公公的態度如此傳統謙和，可以得見成功企業家除了經商之道，優秀的家庭教育才是財富代代相傳的關鍵。

某年我講課，老董事長年事已高坐輪椅，仍然堅持來到上課現場，要給下一代年輕會員店加油打氣。

一個八十歲的老人，頭髮光亮、梳理整潔，臉上膚色光滑，穿著一件羊毛藍色格子背心，深藍色的西裝褲，發亮的皮鞋，不見病容，仍然是日式紳士優雅裝扮，輪椅經過我身旁時，竟然還飄散著芬芳，觀微知著，可見本源師兄夫妻對父母親的照顧，是如此地細膩、無微不至。

某次我從阿利師姊分享的家庭照片角落，赫然發現，他們夫妻六十多歲，推著八十多歲老董事長夫妻同遊日本，走踏神社公園、階梯或石子路，全程都是他們二人推著輪椅，不假他人之手。這讓我感覺到非常慚愧，一般人要帶生病的父母親同遊住家附近的公園，可能就嫌麻煩，像他們這樣體察父母心意的子女，全臺灣又能有幾個？

有一年的春酒，我支援了一個手作活動，提早到現場放置工具，從會議室探頭出去，在沒有任何人的走廊盡頭，剛好看見本源師兄推著老董事長的輪椅，逐步巡視會場的海報布置。

他低頭彎著腰，用非常柔軟的聲調，輕聲細語在老董事長的耳邊，一張一張地介紹解釋海報的內容，讓老董事長放心隔天活動的每一個細節。窗外傍晚的光線斜照在他們兩人身上，我永遠記得他們父子倆的背影，影子長長地掛在走廊地板上，父子一起望向中美的產品，空間充滿溫暖光輝，是如此的神聖美好。

某年冬天寒流來襲，我們在南投妖怪村舉辦教育訓練，下課後在電梯外遇到本源師兄，我俏皮開玩笑說：「齁！董事長，您竟然敢蹺我的課！」

本源師兄滿臉的疲憊，頭髮上還沾著雨絲，撥撥頭髮跟我解釋，因為老董娘住院了，自從老董事長過世之後，她老人家非常沮喪、沒有安全感，所以必須乘我講課三小時的時間，快速來回了一趟南投跟臺中之間，就是為了捉緊加護病房開放的時間點，進去看看老董娘，握握她的手，跟她說說話，讓老董娘在加護病房不孤單，看到兒子才感到安心。

接著，本源師兄問旁邊藥局老闆，「雯琬今天講課怎麼樣？」會員店老闆識趣地比起大拇指說：「很棒的課程，我專程帶女兒一起來學習，聽得很感動。」

本源師兄馬上跟會員店老闆說：「雯琬，是我們的王牌講師，只要有她講課，我就放心了。」唉，像本源師兄這樣孝順父母親，家業跟事業奔波平衡之餘，又顧及晚輩（我）自尊心的人，這世間該去哪裏找呢？

執子之手

記得十三年前，跟隨公司去臺大農場做教育訓練，在本源師兄夫妻認養的水蜜桃樹下，樹梢別著他們夫妻簽名的許願木牌，本源師兄雙手握著阿利師姊的手，放在胸前，阿利師姊念起了席慕蓉的詩《一顆開花的樹》，「如何讓你遇見我，在我最美麗的時刻，為這我已在佛前求了五百年，求他讓我們結一段塵緣……」

當時我剛結婚幾年，出差特別允許帶著孩子工作，整日披頭散髮，疲累不堪，在樹下忙著管教五歲孩子的吵鬧，但是他們牽手微笑互視，這一幕一直深深地刻印在我腦海裏，讓我始終相信婚姻的價值，不管人世間多少繁雜的俗事，經歷多少黑暗時刻，他們眼中彼此的光芒，足以讓暗夜中的星星張開眼睛，正是執子之手，結一段塵緣，永不分離。

某次阿利師姊生病住院，她很心疼地跟我分享，本源師兄半夜無法好好入睡，要不停起身為她倒夜壺的事情。驚訝發現原來平常日理萬機的董事長，也有鐵漢柔情的一面，不嫌髒臭，親自陪伴妻子住院，對阿利師姊呵護不假他人之手。

阿利師姊投身慈濟幾十年，本源師兄一開始雖然沒有親身參與，但一直在金錢和時間上，給予無上限的支持和護航。本源師兄常說，林家已經把阿利師姊捐給慈濟，阿利師姊根本是到慈濟上班的，一直到前幾年，本源師兄終於推掉了百忙的工作，跟女兒宜琳一起投入緬甸國際賑災，穿起灰色制服，背起背包遠赴異鄉，照片中本源師兄笑得如此開心，如果不是心地柔軟，對妻子有莫大的愛，這不是尋常人能夠做到的事情。

有一年，阿利師姊在國立臺灣美術館內的秋山堂發表新書，她不讓才剛動完心導管手術的本源師兄參加，但本源師兄還是偷偷地現身會場，給了大家一個驚喜。致詞的時候，看見阿利師姊害羞、開心也笑得暖心，注視著本源師兄，眼裏有閃亮亮的淚光，坐得遠遠的我，也能夠感受本源師兄對阿利師姊那分愛的告白。

一碗熱湯

那一年宜琳覓得良緣，準備出嫁。我們坐在辦公室沙發上，本源師兄跟我宣布這個好消息，同時邀約我參加在涵碧樓的婚禮。對於本源師兄把我視為至親家人，我備感殊榮。

席間，本源師兄提到一碗湯的概念，我一開始聽不太懂，後來終於弄懂囉！原來本源師兄捨不得宜琳出嫁，覺得她在家裏能夠自由自在地做一個「女兒王」，生活中什麼都不缺，其實是不需要嫁人的。

如果嫁去別人的家庭，總是有一些擔憂，但本源師兄彷彿是在安慰自己吧！反覆說著，「女兒就住在一碗湯送過去還熱熱的距離而已啦」，原來一碗湯的距離，是捨不得宜琳出嫁，情繫女兒的最短忍受距離。那天本源師兄眼角有些擔憂，嘴角有祝福的笑容。

宜琳本就是萬中選一、才貌雙全的優秀女性，同時傳承林家優秀教養，必然深受夫家疼愛、幸福快樂。

本源師兄夫妻的子女個個高學歷，舉手投足，落落大方，各自獨挑大梁。本源師兄有前瞻之明，狠心放手讓他們分別在美國、北京、日本工作磨練，他們早已憑藉自己的能力，在外擁有令人欣羨的國際職場位階。

我自認為只是一名小員工，但是每次回公司時，只要命權在公司遇到我，都會親自跟我致謝。這個小細節讓我非常感動，三個孩子謙卑客氣，親切直呼我是姊姊，從來沒有富二代的驕傲氣息。本源師兄和阿利師姊的家庭教育，體現在細節中，一直都是我學習的典範。

命權從美國回來之後，擔任董事長特助，開始接班的栽培。中美八十四周年慶的時候，本源師兄跟全體員工喊話，希望下一代順利接班，能夠一起將中美藥廠帶向百年，成為臺灣第一家百年藥廠。這一個單純的夢想，卻因為疾病提早將他帶走，無法一起見證百年，令人傷感。

愛與犧牲

本源師兄對攝影有很長時間的著墨，因此培養出他對顏色層次、光影變化的敏銳，一直到老董事長夫妻都過世，才重拾畫筆，將年輕時的夢想付諸實行。

過世前，家人為他舉辦的畫展，讓我們看見本源師兄眼中的世界，原來他心中的美好世界，是他走過的路、看過的風景和他所愛的人。藝術其實才是他的天賦，但是為了照顧父母親和捍衛家族名譽，只能捨棄心中所愛，扛起中美製藥這個招牌，負重前行。無論遭遇多麼不堪的對待，始終堅持以孝傳家，維護父母親的顏面。

《禮記》經典名句，「大孝尊親，其次弗辱，其下能養。」曾子說：「孝有三種等級；最上等的孝，是使父母得到天下人的尊敬；次等的孝，是不辱沒父母的名譽；最下等的孝，只不過是能養活父母而已。」而本源師兄夫妻，將三種等級的孝順，都貫徹到淋漓盡致，無忝所生。

人生路引

曾有人說過，如果今生今世，你很喜歡跟某人相處，那是因為那個人前輩子一定對你很好、對你有恩。當時我腦海中，第一個就想到了阿利師姊，我想她不但前輩子對我很好，這輩子也亦師亦友提攜我，給予我很多機會，在做人處事還有家庭教育上，對我影響至深。

在我心中，始終以她為師，默默向她學習，對她的敬愛之心與孺慕之情，日與漸增，如同二十六年前，在靜思堂屋簷下，人生初相見般的情深意濃。

此書補足我未曾來得及參與的部分，更加清晰瞰視本源師兄夫妻的人生足跡，在這末法時代，社會秩序與人倫綱常失序的十字路口，本書出版為芸芸眾生提供一盞人生路引的明燈。

會員藥局

◆黃慶彬（臺南市安平區蘋果藥局藥師）

很少有過這樣的經驗，可以一邊忙碌工作，又專心地把一本書看完……細細咀嚼這本書的內容，書上人物是我最熟悉的好朋友，劇情就像電影般引人入勝，不靠譁眾取寵的故事吸引目光，他們就是我認識的林本源董事長、李阿利夫人，如此的真實，高調做事，低調做人。

說到他們，你一定聽過現今臺灣製藥業中，最令人津津樂道，也最傳奇的一家公司——中美兄弟製藥。這家公司從中米藥房一直發展到中美企業集團，已經家傳四代，從蛔蟲藥、避孕藥賣到目前全臺銷量最高的便祕藥，及最高知名度的減肥藥，之所以這麼成功，全來自第一代林金枝的傳家理念——製藥就是道德。

他們幾乎掌握了臺灣各縣市鄉鎮區域中生意最好的藥房、藥局通路，其中的關鍵就是「誠信、感情、傳承、負責、進步」，就如同中美製藥的五大核心一樣——製藥有良心、對顧客用心、與夥伴交心、使同仁歡心、讓社會安心。

也因如此堅持善念行事，所以在近百年的經營中，一直是臺灣藥業的領頭羊。有多少同業想盡辦法從市場蒐集商業資訊，並想複製中美的成功之道，卻往往學個四不像或是中途放棄。

臺灣藥業蓬勃發展，舉凡歐系、日系或很多打著跟中美一樣經營理念的生物科技公司，多到數不清，又或者仿效國外財團式經營的各式連鎖藥局，有計畫性地在原有中美會員店附近開設新店，想一舉成為當地霸主。

中美一樣堅持原有的誠信，並積極設想對策，來協助精進原有會員店的優勢，並秉持林本源董事長傳承中美家業的精神，協助培育會員店的下一代接班人……以這樣的商場經營深度，如果想複製或學習，都不是那麼容易吧？哦，不是商場的經營深度，而是像家人般投入感情的濃度。

一家成功公司的掌舵者，一定要有看透前方道路的超能力，而往設定目標前進的員工，則是最大後勤支援。中美製藥的員工，年資動輒二、三十年的比比皆是，但奇妙的是不管資深或資淺，絕對嗅不出倚老賣老的態度，因為中美要求員工要「先學會做人，再學會做事」！也因為要先學習做人，所以就能事事圓融，工作氛圍提升，就能做更大的事業！

阿利夫人從小成長在最富足的茶香世家，從小就有扮演最好身教、言教的父母親疼愛，給了她最好的物質生活、最棒的教育。她曾在受邀演講時說到：「茶，草木中人最有情，上有草，下有木，而人則在這草木之中，以茶思情，以茶養性。」

在夫家，「茶」則是連結她與婆婆之間，培養濃濃婆媳情的重要媒介。

由此可知，這杯茶不只是和公婆共處四十年光陰的奉茶情，更是與她父母親之間最深刻的連結！

在本源董事長生前，以主題「青山元不動，白雲自去來」，為他策畫的個人畫展，就是以「茶」營造出一場充滿溫馨的藝術饗宴。

阿利夫人說：「因為無常就是這麼如常，所以必須要臣服，必須要接受。生病對我來說，其實是一個善的循環。」多棒的一個啟示，就算身體病痛，一樣能讓心情活蹦亂跳，充滿希望……有滿滿正向的能量，讓自己的身心靈浸潤在大愛的養分中……

這本書來來回回看了好幾次，整個心都平靜了，腳步也不自覺停了下來；我們一直追求人生最快樂的生活，不就是這本書裏的種種嗎？每看一回，心裏的悸動就愈加強烈，再美的文字也無法用來完整呈現心裏的感動，唯有親手散播愛的種子，才知會有多歡愉！

◆劉春美（新竹市芳鄰藥局藥師）

與帥董本源兄和阿利姊結緣，始於中美醫藥集團。中美不同於一般商業性質的企業，從第一代的家訓「製藥就是道德」，到帥董、阿利姊的接棒，更是將此經營理念發揚光大。

從他們身上，不只看到成功企業經營者的風範，對父母、公婆的盡心盡孝，更是我們學習的楷模。欽佩的是，在繁重的企業經營下，還奉獻數十年心力在慈濟做公益，及大愛電視臺的「教愛、教孝」家庭倫理闡述，對社會的貢獻，影響深遠。

中美醫藥集團在八十七年的發展過程中，不論對社會責任，對下游通路有情有義地照顧，都有別於一般以利益導向為主的企業。凡此種種，雖略知一二，但當接到初稿，一口氣看完，每一篇每一章節更是讓人感動。

中美製藥在第三代帥董、阿利姊的戮力經營下，不只著眼當前現況，更有遠見不惜投入重資，培訓通路會員店第二代順利接棒，這正是永續經營的理念展現。

從中美製藥初創的篳路藍縷，四代一棒接一棒、一步一腳印的耕耘，不斷地成長茁壯，現在已居藥業行銷通路商執牛耳的地位了。

所謂「它山之石，可以攻錯」，這是一本值得大家一讀再讀的好書，從企業責任談到家庭倫理的教孝教愛，是現今社會不可或缺的典範。

◆**楊子鋒（臺中市大肚區大佶安藥局藥師）**

個人在藥業市場通路二十九年，本源兄和阿利姊待我如家人。「行善、行孝」是本源兄領導企業的核心價值，在第四代命權、宜琳接棒下，相信更能延續傳統，創造研發新產品、申請專利、行銷全球，為製藥產業，再造生技之光。

阿利姊奉獻大愛於慈濟，病癌摧毀不了她善良的心，帶領中美集團轉化為具國際化競爭的中美兄弟製藥股份有限公司，為臺灣製藥優質產品國際化，幫助更多需要良藥醫治的病人。

這是一本本土傳統製藥產業，經過八十七年歲月，本著「良心道德」製藥，家和萬事興、至善至孝傳承的好書。企業領導人本著慈濟大愛精神，將愛心播種至全世界，值得推薦及收藏的好書。

中美製藥同仁

◆陳雪惠

何其有幸！搶先閱覽，書中所闡述的每一幕，都是如此真實、熟悉且歷歷在目……我在本源師兄與阿利師姊的幸福企業「中美製藥」服務將近三十五年，在這裏有善、有愛、有人文，更有濃濃的人情味。

書中點點滴滴，我或多或少參與其中，回憶數十年來在中美製藥，近距離地跟在帥董賢伉儷身邊學習，不論是工作點滴還是生活智慧，都是最珍貴的收穫。在閱讀的過程中，腦海裏不斷浮現過往的記憶，一部從少年到白頭、從不曾間斷的紀錄片，還持續地在上演中呢！

為人溫文儒雅、寬容厚德的本源董事長，他總是說「機會是給準備好的人」、「戲棚下站久就是你的」，在在都在教導我們，隨時都要做好準備，並且有耐力、有毅力地等待，那麼當機會來臨的那一刻，上天自然不會虧待我們所累積的努力。

在帥董身上，我們確實見證了他所言所行的真理，因為他就是用這樣的身體力行，將八十七年的中美製藥帶往更高、更好的發展。

慈濟的阿利師姊、阿利老師、阿利媽，是我在二十二歲時來中美的面試官。感恩她讓我有機會進入公司服務，她是我的良師，更是我的伯樂，一路引領我們——做人，誠懇用心有禮貌；做事，合力擔當有創新。這是中美的企業文化，也是她教我們待人處事的準則。

充滿熱忱、努力不懈、團隊合作、使命必達，是帥董賢伉儷面對生活與領導同仁的一貫態度，在中美「沒有最好，只有更好」的領導理念之下，讓我學習到每一次都要全力以赴，甚至更努力，才能遇見更好的自己。

感念！厚德載物、做事穩健、以傳承為使命、畢生行孝行善的帥董，您心心念念三個交付「中美永續」、「同仁福利」、「社會回饋」，讓我們見證到您的真善美人生，對您總有無限的思念和追憶。

感恩！董事長夫人將慈濟帶入中美，教我們人文美學、啟發我們的善心善念，告訴我們「幸福不是天經地義，幸福是要用心來經營」，這些在無形中也融入每一位中美人的家庭與生活，並且帶來許多正向的影響。

中美製藥的傳家寶，除了「製藥就是道德」，我認為還有一首多年前董事長夫人帶給我們的廠歌〈快樂中美人〉，這是一首源自於慈濟四神湯，朗朗上口值得傳唱下去的好歌，在此也分享給閱讀到這本書的每一位好朋友。

歡喜的笑容　感恩的心

溫柔的善解　知足的心

歡喜快樂　幸福人生　快樂的中美的人

◆柯天賜

拜讀本書初稿後，思緒被帶入時光的迴廊，又像是進入到人生電影院，將時間回到一九五四年，本源董事長搭上人生的列車，途中遇到最摯愛的阿利師姊，相知相惜共組家庭、傳承家族事業將其發光發亮，並相互扶持奉獻志業，鶼鰈情深令人稱羨，但人生無常，二〇二二年十月二十二日，本源師兄一個人獨自下車了，依稀的身影，依然挺拔俊帥……

天賜於一九九六年轉職進入中美製藥，初入職場二、三年的我，脾氣像頑石，工作像駑馬，有幸遇到職場貴人——本源教練的細心指導與條理訓練，秉持正義公理與平等互惠，以及阿利師姊耐心地提醒，理直更應該要氣和，對人對事的關懷要真心、用心，更要有溫度……都需感謝兩位貴人的知遇與再造之恩。

如同在書中提到，一九九九年慈濟醫藥箱的製作，本源董事長發心捐助並迅速聯繫相關物資的整備，忙碌之餘亦貼心地設計圖像使用說明書，讓收到醫藥箱的民眾，可以便利使用、減緩病苦。此時的阿利師姊，早已號召眾多志工到場協助組裝及安排運輸交通。賢伉儷親自到場協助，並向志工們致謝，身先士卒啟發善念，足為表率！

值本書出版之際，謹分享本源賢伉儷助人為善一、二事，以為推薦。

◆游萬鴻

閱讀本書，感受到善的循環與充滿愛的力量。

「中美製藥」至今已傳四代，經歷民國初至今醫藥界發展過程。

從第一代經營者林金枝董事長製藥宗旨：「製藥就是道德」，在民國初生活條件不佳及醫療匱乏「寄藥包」到府服務，解決民眾健康問題。

第二代林滄洲董事長伉儷接手藥廠，建立會員制度改變商業模式，已從負債危機窘境變為轉機。董事長夫人後期投入公益及教育，深入校園「重建倫理、淨化人心」宣導，及落實「倫理與道德」，使「家」融入和諧及幸福感。

第三代由林本源董事長及李阿利董事長夫人經營理念，開創新格局，跨越國際商業經營模式，帶領藥廠宏觀視野、新的領域。秉持「行善、行孝」傳家精神，除致力經營藥廠，更投入社會服務及慈善公益，也期許員工為社會貢獻，人生要以服務為目的。

董事長夫人從小受父母諄諄善誘——「耕」讀傳家怡自得，「誠」實守真利眾生。「耕誠」兩個字是她父親的自號，一生樂善好施，為社會典範。致力於慈濟至今三十餘年，從創辦兒童精進班、擔任大愛臺節目主持人、茶道老師等不遺餘力，擁有對教育無私奉獻的美德、美譽。

董事長夫人在善的薰陶下，以最佳身教養育三位兒女，女兒宜琳、兒子命權、偉權都成為慈濟人，力行公益、護持志業，接掌企業集團，使志業及事業相得益彰。

董事長夫人把這一生奉獻給需要她的地方，給予需要她的人，讓人感受到一股希望與振奮的力量，也讓正向能量烙在每個人的心田。

慈濟法親

◆周志雄

本源師兄是我心目中的超級英雄，也是我在待人處事上學習的目標。每次遇見，他總是微微笑、點點頭地打招呼，非常平易近人。

記得，本源師兄培訓那一年，受證前參加入經藏法海練習，他謙和地詢問手應該如何比，角度才正確有力道，讓我看到了一位謙卑君子的風範。

參加本源師兄往生後的追思會，才知道員工們對他的懷念與讚歎，而這也是他對人煦煦如風的日常。

二〇二二年三月一日，阿利師姊獲得文化大學傑出校友獎，本源師兄病中仍一起出席這項榮譽。那時的他，還是很挺拔，只是上下樓梯需注意。當我攙扶他的時候，他一定不忘說「謝謝」。病後堅強的意志力、謙和儒雅待人，著實令我敬佩。

在日常中，只要是阿利師姊的重要聚會，本源師兄無論怎麼忙碌，一定都會出現。他們夫妻鶼鰈情深，互不搶風頭，相互尊重，從年輕開始，到同師同道同志願。

四十餘年中，本源師兄一路支持與陪伴著阿利師姊，讓人不禁覺得他們一定有七世夫妻之約，家庭才能這麼和諧，與人為善。

本源師兄人生的最後一年，有幸陪伴，很珍惜每一次與他的相處。

從阿利師姊那兒，曉得本源師兄很喜歡《普門品》，自他往生至今，每月兩次，我會帶著玉蘭花，前往我心目中的超級英雄——本源師兄的靈位，念誦《普門品》，也告訴他：「您已在菩薩旁邊修行學習，我們一起精進，要趕快再回來，再一起行人間菩薩道。」

◆陳秀嫚

本源師兄往生的第一時間，與慈濟法親前往他位於臺中的家中為他助念，而更重要的是陪伴阿利師姊。

記得本源師兄進入慈濟培訓那年，他幽默風趣侃侃而談，與阿利師姊的相識、相知，乃至對子女教而無教、無為而為的教育，內心為之稱羨的一位好丈夫、好爸爸。

他的風度翩翩、溫文爾雅，與阿利師姊的優雅大方、蕙質蘭心，恰是天造地設的夫妻典範。

追思會時，針對眾人對他真心的感念及緬懷，我寫了「永懷德香——林本源追思音樂會」一文，這麼好的人卻英年早逝，我邊寫邊擦眼淚。

阿利師姊一直是我心中很敬佩的老師，她如常不輕菩薩，永遠重視著每一個人。她帶領志玄彰化中心團隊，平穩走過二十個年頭，和善而平等的智慧，令人人敬愛，團隊每一個人都甘願跟隨她，是我們永遠的人文典範。

他們夫妻對社會所做的貢獻巨大，令人為之肅然起敬，自己平平的文筆，無法盡書他們的功績，故推薦閱讀本書。

◆陳英利

二〇二一年十月，正當疫情揮之不去，又來勢凶凶，阿利老師在「因緣茶道班」上課時，呼籲大家一起動起來捐疫苗。

她分享當天早上與本源師丈用早餐時的對話。師丈告訴阿利老師：「愛要及時，我們自己先捐，拋磚引玉，再來跟大家分享。我們以身作則，再來帶動別人。」

當下感覺師丈是心地光明、有器度的實業家，一句鼓勵的話，總是讓阿利老師充滿信心，向前精進，完成使命。

當天早上還沒來上課之前，我就打電話給茶道班的同學玉秀師姊，表達想要為慈濟捐助疫苗做點事。本源師丈的一句話「愛要及時」，我與玉秀兩眼相看，此時正是好因好緣時刻，我們要「疫起」動起來。

記得那年五月，剛好到中美公司洽公，當時辦公室的同事，每人拿著一支鮮花，正在向董事長說祝賀生日快樂的話，讓我親眼看到一個大家庭裏的長者，身邊圍繞著許多年輕孩子的幸福畫面。

同事說：「我們董事長不曾對我們發脾氣，總是很溫和地對待我們。董事長不會介紹我們是他的員工，他會說我們都是他的同事。」

有情有義的公司，員工從年輕到退休，把公司當成自己的家，董事長愛護員工，一起奮鬥，一起共好。

源本愛利 —— 林本源與李阿利

作　　者／張翎慧
照片提供／林本源、李阿利、簡淑絲、慈濟花蓮本會文史處採輯室數位典藏組、
志玄文教基金會彰化終身學習教育中心
封面和書名頁題字／杜忠誥
主　　編／陳玫君
校　　對／簡淑絲
美術指導／邱宇陞
資深美編／蔡雅君

創辦人／釋證嚴
發行人／王端正
合心精進長／姚仁祿
傳播長／王志宏
圖書出版部首席／蔡文村

出 版 者／經典雜誌
財團法人慈濟傳播人文志業基金會
112019 臺北市北投區立德路 2 號
編輯部電話／ 02-28989000 分機 2065
客服專線／ 02-28989991
劃撥帳號／ 19924552　　戶名／經典雜誌
印　　製／禹利電子分色有限公司
經銷商／聯合發行股份有限公司
231028 新北市新店區寶橋路 235 巷 6 弄 6 號 2 樓
02-29178022
出版日期／ 2023 年 12 月初版一刷；2024 年 1 月初版二刷
定　　價／新臺幣 360 元

國家圖書館出版品預行編目 (CIP) 資料

源本愛利：林本源與李阿利 / 張翎慧作 . -- 初版 . --
臺北市：經典雜誌，財團法人慈濟傳播人文志業基金會，2023.12
304 面；15x21 公分
ISBN 978-626-7205-57-0(平裝)
1.CST: 林本源 2.CST: 李阿利 3.CST: 傳記
783.31　　112016617